Martin Grote

Die Andachtsform des Kreuzwegs, dargestellt am Beispiel der 15 Stationen auf der Halde des Bergwerks Prosper-Haniel in Bottrop

Reihe „Volksfrömmigkeit und Brauchtum", Heft 3

Kunstverlag Josef Fink

Reihe „Volksfrömmigkeit und Brauchtum", Heft 3
herausgegeben von Kurt Lussi, Historisches Museum Luzern

Inhaltsverzeichnis

Vorwort 3
Einleitung 4
1. Die Geschichte der Kreuzwegandacht von ihren Anfängen bis heute 6
1.1. Vorgeschichte und Vorbedingungen 6
1.1.1. Wirkliche und geistliche Pilgerfahrten 6
1.1.2. Jerusalem im Abendland 8
1.1.3. Die Verehrung des kreuztragenden Christus 14
1.2. Die Entstehung der Kreuzwegandacht 16
1.2.1. Anfänge, erster Untergang und neue Blüte 16
1.2.2. Die Stationen der Leidensgeschichte Jesu 23
1.2.3. Der Franziskanerorden und der Kreuzweg 27
1.2.4. Die Rezeption des Kreuzwegs in heutiger Zeit 29
2. Der Kreuzweg auf der Bergehalde des Bergwerks Prosper-Haniel in Bottrop 39
2.1. Idee und Verwirklichung einer Kreuzwegerrichtung auf der Halde 39
2.1.1. Kurzporträt der Bergbaustadt Bottrop und ihrer Zeche Prosper-Haniel 39
2.1.2. Der Besuch von Papst Johannes Paul II. und das Spurlattenkreuz als Ausgangspunkte für den Haldenkreuzweg in Bottrop 41
2.1.3. Der Beginn der Realisierung 47
2.2. Die 15 Stationen des Haldenkreuzwegs 49
2.3. Die Rezeption des Haldenkreuzwegs in der Öffentlichkeit 61
2.3.1. Die Entstehung einer „Karfreitagstradition" 61
2.3.2. Allgemeine Reaktionen auf den Haldenkreuzweg 64
2.4. Zukunftsvisionen zum Thema „Haldenkreuzweg" 72
2.4.1. Zur Frage der bisherigen Akzeptanz des Haldenkreuzwegs innerhalb der kath. Pfarreien in Bottrop und Oberhausen 72
2.4.2. Plädoyer für einen ökumenischen Kreuzweg 74
3. Zusammenfassung und Ausblick 80
Anmerkungen 82
Literaturverzeichnis 86

Vordere Umschlagseite: Bottrop, Halde Haniel: 11. Kreuzwegstation, symbolisch ergänzt durch einen Walzenkörper. Im Hintergrund das Spurlattenkreuz. Rückwärtige Umschlagseite: Bottrop, Halde Haniel am Karfreitag 2000: eine Harmonie von Andacht, Naturerlebnis und Verbundenheit mit der Arbeitswelt.

Fotos: Dirk Nothoff, Gütersloh: Vordere Umschlagseite, Seite 35, 45, 51, 52, 54, 55, 56, 58, 59, 60, 67, 70; Martin Grote, Hattingen: Seite 10, 11, 12 links, 13, 26, 29, 30, 31, 40, 42, 61, 62, 63, 65, Umschlagrückseite; Klaus Herzog, Aachen: Seite 12 rechts; Stephan Kölliker, Ruswil: Seite 17; Engelbert Geith, Dittelbrunn: Seite 19; Erwin Reiter, Haslach: Seite 20; Hans Freytag, Neuhofen: Seite 37; Peter Bauer, Scheidegg: Seite 76
Zeichnungen: Sr. Paula OSU (Tisa von der Schulenburg), Dorsten

1. Auflage 2001
© Kunstverlag Josef Fink, Lindenberg
ISBN 3-933784-88-3
Layout: Michaela Maurer, Weiler im Allgäu
Gesamtherstellung: Holzer Druck und Medien, Weiler im Allgäu

Vorwort

Der vorliegende Text wurde im Jahre 2000 als Schriftliche Hausarbeit im Rahmen meiner Ersten Staatsprüfung für das Lehramt für die Sekundarstufe II und die Sekundarstufe I dem Staatlichen Prüfungsamt Dortmund, Außenstelle Bochum, eingereicht und vom Fachbereich Liturgiewissenschaft der Katholisch-theologischen Fakultät der Ruhr-Universität Bochum angenommen. Für die Drucklegung habe ich das Werk jedoch im nachhinein noch geringfügig überarbeitet und ergänzt.

Mein herzlicher Dank gilt dem Kunstverlag Josef Fink in Lindenberg/Allgäu, der die Veröffentlichung ermöglicht und den Text in die vielgeschätzte Buchreihe „Volksfrömmigkeit und Brauchtum" aufgenommen hat.

Danken möchte ich an dieser Stelle aber auch meiner Themenstellerin, Frau Prof. Dr. Irmgard Pahl, von der die Anregung ausging, den Bottroper Haldenkreuzweg zum Gegenstand meiner Arbeit zu wählen. Die Beschäftigung mit diesem Thema hat mir nicht nur viel Freude bereitet, sondern mir gleichfalls eine Fülle neuer Einblicke sowohl in die Theologie als auch in die Geschichte und Gegenwart des Bergbaus im Ruhrgebiet gewährleistet.

So bin ich ferner einer ganzen Reihe von Menschen zu besonderem Dank verpflichtet, die mir teilweise stundenlang und mit großer Geduld Rede und Antwort gestanden haben, so daß ich anhand zahlreicher Gespräche und Interviews die wichtigsten Informationen zum Thema „Haldenkreuzweg" zusammenzutragen in der Lage war. Namentlich erwähnt seien hier vor allem Herr Stadtdechant Emil Breithecker, Schwester Paula von der Schulenburg OSU, Herr Bergwerksdirektor a. D. Hanns Ketteler und Herr Franz Dittmann.

Ebenfalls danke ich allen, die mir in bereitwilliger Weise Bücher, Texte und sonstige Materialien zugeschickt bzw. die mir Hilfestellung bezüglich des Umgangs mit Computer und Internet geleistet haben, aber auch den Verlagsfotografen, vor allem Herrn Dirk Nothoff, der mich an einem schönen Sommertag auf die Halde Haniel begleitet und dabei Aufnahmen erstellt hat, die diese Publikation in erheblichem Maße bereichern.

Im Januar 2001 *Martin Grote*

Einleitung

Nicht nur in parkähnlichen Anlagen großer und kleiner Wallfahrtsorte der Christenheit, sondern bis auf wenige Ausnahmen in jeder katholischen Kirche ist eine Darstellung des Kreuzweges Jesu Christi anzutreffen. Ein katholisches Gotteshaus scheint seinen Besuchern sogar vielfach erst dann vollständig ausgestaltet zu sein, wenn ein solcher Kreuzweg, der meist aus 14 Bildtafeln besteht, Aufstellung gefunden hat.[1] Dargestellt ist jeweils der Leidensweg Jesu, der mit der Verurteilung durch Pilatus beginnt, und der mit dem Kreuzestod bzw. mit der Grablegung endet. Dementsprechend läßt der Kreuzweg als Andacht, Prozession und Bilderfolge den letzten Abschnitt des Lebens Jesu gegenwärtig werden. Wer den Kreuzweg betet, will dem kreuztragenden Herrn auf seinem Weg zum Kalvarienberg hin folgen.[2] So gehört eine Einheit der Betrachtenden mit Christus zum Wesen der Kreuzwegandacht. Im Mit-Leiden vollziehen die Beter ihre persönliche Hingabe an den Willen Gottes, was mitgehend auf dem Weg, stehend bei der Station und auf die Knie fallend geschieht.[3]

Der Münsteraner Spiritual Paul Deselaers schreibt folgendes: „Die alte und immer wieder erneuerte Frömmigkeitsform des Kreuzwegs legt sich als bewährtes Gebet nahe, da sie sich auf das Zentrum kirchlichen Bekenntnisses und der Verkündigung richtet – auf die Erlösung."[4]

In heutiger Zeit fällt es vielen Menschen aber auch schwer, sich mit dem Kreuzweg vertraut zu machen. So spricht Deselaers ebenfalls von „konkreten Verlegenheiten"[5], d.h. von Menschen, die heutzutage gar nicht wissen, was sie mit dem Kreuzweg bzw. wie sie den Kreuzweg anfangen sollen. Möglicherweise ist es gerade die junge Generation, der ein Zugang zum Kreuzweggebet immer mehr fehlt, aber es sind nicht ausschließlich Kinder und Jugendliche, denen diese Andachtsform Fragen aufwirft. Auch Erwachsene hinterfragen den Kreuzweg häufig kritisch: in Gesprächen kommen zurecht immer wieder die Fragen auf, warum der Kreuzweg eigentlich aus 14 Stationen besteht, und warum für diese Stationen zum Teil Szenen ausgewählt worden sind, die sich in der von den Evangelisten überlieferten Passionsgeschichte nicht wiederfinden lassen, z. B. das mehrmalige Zusammenbrechen Jesu unter der Last des Kreuzes oder die Begegnung des Herrn mit Veronika.

Im ersten Kapitel (1.) dieses Bandes soll derartigen Fragen nachgegangen werden. Sie finden Beantwortung im Lauf eines historischen Abrisses, der die Entstehungsgeschichte der Kreuzwegandacht in ausführlicher Weise nachzeichnet. Dabei wird zunächst auf die Vorgeschichte und die Vorbedingungen eingegangen, die das Fundament für die weitere Entwicklung bilden, die anschließend bis in die heutige Zeit hinein skizziert werden soll. Begleitet wird der Gang durch die Kirchengeschichte immer wieder von Blicken in die christliche Kunst, d.h. es wird ständig Bezug auf verschiedenste Kirchen und deren

Kunstwerke genommen, um den Wandel, der sich zwischen den einzelnen Darstellungsformen von Passionsszenen ereignet hat, anhand konkreter Objekte zu veranschaulichen.

Im zweiten Kapitel (2.) wird daraufhin eine Brücke vom Allgemeinen zum Besonderen geschlagen, indem ein ganz spezieller Kreuzweg behandelt wird, der im Jahre 1995 inmitten des Ruhrgebietes Aufstellung gefunden hat, nämlich der Kreuzweg auf der Bergehalde der Zeche Prosper-Haniel in Bottrop.

Zunächst erfolgt ein Bericht, wie die Idee zu dieser Kreuzwegerrichtung entstanden und wie sie realisiert worden ist, bevor die Stationen im einzelnen vorgestellt und in ihrem einzigartigen bergbaugeschichtlichen Zusammenhang erläutert werden. Anschließend wird sich die Frage stellen, wie die Öffentlichkeit bisher auf diesen Kreuzweg reagiert hat, und welche Ansätze denkbar wären, um den Zukunftswünschen, die diesbezüglich noch offen bleiben, gerecht werden zu können, wobei ein besonderer Schwerpunkt auf die Ökumene gelegt werden soll.

1. Die Geschichte der Kreuzwegandacht von ihren Anfängen bis heute

1.1. Vorgeschichte und Vorbedingungen

Auch wenn man erst um 1700 begann, Kreuzwege an den Wänden von Kirchen abzubilden, so ist es doch sinnvoll, bei der Analyse der Geschichte der Kreuzwegandacht zunächst einmal viel weiter zurückzuschauen, um sich für entsprechende Untersuchungen ein gewisses „Fundament" zu sichern.

1.1.1. Wirkliche und geistliche Pilgerfahrten

Eigentlich muß man schon kurz nach dem Tod Jesu bzw. spätestens in der Zeit des Kaisers Konstantin und seiner Mutter, der hl. Helena, ansetzen, um die Geschichte des Kreuzwegs vollständig zurückverfolgen zu können, denn seit der Zeit, zu der Konstantin und Helena die ersten Kirchen der Christenheit erbauen ließen, wurden die hl. Stätten des Leidens Christi bereits inbrünstig verehrt.[6] Sie wurden geradezu als Ursprungsorte des Heils[7] angesehen, an denen man eine Verbindung zu Jesus suchte. Es ist bekannt, daß schon im vierten Jahrhundert Pilger von Gallien nach Jerusalem gezogen sind[8], und daß diese Pilgerfahrten nachher, als an den heiligen Stätten Klöster gegründet worden waren, immer mehr zunahmen[9], vor allem auch bedingt durch die Kreuzzüge, die auf Jahrhunderte hinaus eine überaus große Begeisterung auslösten. Im Zeitalter der Kreuzzüge wurde die Passion des Herrn zu einer Macht, die tief auf das Gemüt der Gläubigen einwirkte[10], und es wurden Kreuzpredigten gehalten, in denen die Priester zu einer sittlichen Erneuerung aufriefen, und in denen ständig zum Kampf für das Kreuz appelliert wurde. Karl Alois Kneller schreibt im Jahre 1908: „Feindschaften wurden versöhnt, der Dienst der Unsittlichkeit verlassen, der Wucher zurückgedrängt; der gewöhnliche Mann aus dem Volke fühlte sich angeregt, wenigstens in den Arbeiten des gewöhnlichen Lebens mutig und geduldig sein Kreuz zu tragen."[11] Für diese Kreuzzüge ließen sich unzählige Menschen gewinnen, u.a. sogar Hartmann von Aue (ca. 1165 – nach 1210) und Bernhard von Clairvaux (1090/91 – 1153), der mit Kreuzzugpredigten eine besondere Jerusalembegeisterung und die Sehnsucht nach einem Besuch oder einer Vergegenwärtigung der durch Jesus geheiligten Orte entfachte.[12] Paul Deselaers schreibt über Bernhard: „In affektiver Zuwendung zum Menschgewordenen sucht er die Angst vor dem richtenden Christus zu mildern. Er verläßt sich auf „Jesus und ihn als Gekreuzigten". Er ist gewiß, daß er in der Begegnung mit dem zum Gericht Wiederkommenden dem Menschen Jesus und seinem versöhnlichen Handeln begegnen wird."[13] Die Kreuzzüge sind für die Entwicklung der Passionswege aber auch wichtig, weil Kreuzfahrer und Pilger nach glücklicher Rückkehr in ihrer Heimat häufig Stätten der Passionsverehrung gestiftet haben. Ein bekanntes Beispiel dafür ist der Franziskaner Bernhard Caimi, der in Monte Varallo bei Novara als architektonisches Andenken einen Kalvarienberg errichtet hat, dem ein Passionspark, ein theatrum sacrum mit zuletzt 43 Kapellen zugeordnet war.[14] In Deutschland wurden ähnliche Passionswege fertiggestellt, meist jedoch nur mit zwei Stationen, die jeweils den Anfang und das Ende des Weges markierten. Die älteste Anlage dieser Art in Lübeck stammt wahrscheinlich aus dem Jahre 1468.[15] Auf derartige Passionswege soll aber an dieser Stelle nicht weiter eingegangen werden, da sie zum Thema des Unterabschnitts 1.1.2. gehören.

Der Eifer für die Kreuzzüge begann mit dem Ende des 13. Jahrhunderts zu erlahmen, auch wenn die Gedanken daran im Volk zum Teil noch lebendig blieben: man denke z.B. an die großen Missionsreisen des hl. Franz Xaver oder an die Pilgerfahrten ins Heilige Land, die sich nun allgemein besonderer Beliebtheit erfreuten. „Weniger heldenhaft als die kriegerischen Züge der früheren Zeit, sind doch auch diese friedlichen Fahrten großartige Äußerung der Liebe zum Erlöser"[16], wie Kneller es beurteilt. Diese Pilgerfahrten ins Heilige Land waren aber dennoch stets mit Schwierigkeiten verbunden, z.B. mit Erpressungen durch die türkischen Behörden, mit oft handgreiflichen Mißhandlungen durch den Pöbel sowie mit zahlreichen anderen Problemen, von denen sich die Pilger allerdings nicht abhalten ließen. Da, wie man sich denken kann, nur ein kleiner Teil von Menschen solche Fahrten unternehmen konnte, mußte für die Zurückbleibenden eine Art Ersatz geschaffen werden, und so entwickelte die Liebe zum Heiligen Land eine neue Frucht der Andacht, die sog. geistlichen Pilgerfahrten, die als nächste Vorstufe der Kreuzweganadacht besondere Aufmerksamkeit beanspruchen.[17] Die literarische Form dieser „geistlichen Pilgerfahrten" hat, wie die Entwicklung des Kreuzwegs überhaupt, wichtige Wurzeln in den Niederlanden und in Belgien. Sie ist entstanden aus der unbefriedigten Sehnsucht, die heiligen Orte in Jerusalem zu besuchen und damit verbundene Ablässe zu erwerben. Die Autoren betonen, daß man auch zu Hause den Weg Jesu begehen und Ablässe erhalten könne, und es werden Anleitungen gegeben, Jesus beim Tragen des Kreuzes geistlich zu „helfen".[18] Im Jahre 1536 erschien in Antwerpen ein Büchlein, das großen Einfluß auf die Frömmigkeitsform des Kreuzwegs bekam.[19] Der Verfasser, ein niederländischer Priester, der sich „Heer Bethlem" nannte, gab seinem Werk den folgenden Titel: „Dit is een devote meditacie op die passie ons lief heeren ende van plaetse tot plaetsen die mate geset, daer onse lieve heer voor ons gheleden heeft met die figuren, ende met schone oratien daer op dienende (...)". Das Büchlein sollte also zum Gebet und zur andächtigen Meditation des Lebensendes Jesu dienen, gegliedert anhand von Stationen seines Leidens. Diese Publikation beschreibt bereits die meisten der heutigen 14 Stationen, aber einige Jahre später traten die heutige Reihenfolge und der heutige Umfang noch stärker hervor, nämlich in einer Schrift des Mechelner Karmelitenpriors Johannes van Paschen (1464–1532). Sein Bändchen wurde 1563, also erst nach seinem Tod, in Löwen verlegt, und es trägt den Titel „Peregrinatio Spiritualis". Van Paschen beschreibt darin eine Pilgerfahrt von Löwen nach Jerusalem und zurück, wobei er 15 Stationen zum Gegenstand seiner Betrachtungen macht.[20] Die Grundzüge der geistlichen Pilgerfahrt van Paschens wurden dann durch die in viele Sprachen übersetzten Schriften des niederländischen Weltpriesters Christian Adrian Cruys[21] (1533–1585), bekannt als Adrichomius, popularisiert und verbreitet. Man denke z.B. an die 1584 in Köln erschienene Schrift „Jerusalem, zooals het in Christus' tijd bloeide"[22]. Adrichomius war in Europa die anerkannte Autorität in Sachen Topographie Jerusalems, auch wenn er nie in Palästina war und seine Werke widersprüchliche Angaben enthalten.[23] Er differenzierte z.B. den „langen" Passionsweg ausdrücklich in eine „via captitatis" und eine „via crucis", wobei er der „via captivitatis" 7 und der „via crucis" 12 Stationen zuschrieb.[24] Van Paschen und Adrichomius dürfen, – das soll hier festgehalten werden, allerdings nicht als die ersten Verfasser oder Urheber des Kreuzwegs in 14 Stationen angesehen werden, sondern nur als dessen Vorläufer[25], denn bis zum Ende des 16. Jh. gab es den Kreuzweg mit 14 klar unterschiedenen Stationen, von Ausnahmen abgesehen, noch nicht.[26] Die o.g. Werke von van Paschen bzw. Adrichomius sind zwar schon eigentliche Kreuzwegbüchlein, d.h. Anleitungen, den kreuztragenden Heiland auf seinem Leidensweg betrachtend zu begleiten, aber die heutige Kreuzwegübung ist noch etwas mehr als eine rein geistige Betrachtung. Für gewöhnlich lehnt sich die Betrachtung an bildliche Darstellungen oder Kreuze an, die in Abständen voneinander angebracht sind, und die Betrachtung der einzelnen Leidensszenen wird geübt, indem sich der Beter von einer Station zur anderen hinbewegt.[27] Wie diese äußere Seite der Kreuzwegandacht aufgekommen ist, und worin ihr Ursprung liegt, soll nun in den beiden kommenden Unterabschnitten bzw. ebenfalls noch im Teilkapitel 1.2. untersucht werden.

1.1.2. Jerusalem im Abendland

Von manchen frommen Personen des 15. Jahrhunderts wird berichtet, daß sie sich, um beständig in der Erinnerung an das Leiden Christi zu leben, angewöhnten, beim Anblick gewisser Gegenstände ihrer Umgebung an bestimmte Einzelheiten des Leidens Jesu zu denken. So pflegte z.B. Katharina von Palantia († 1478), die Gründerin des Klosters Maria vom Berge im Mailändischen, sich den Berg, auf dem sie wohnte, als Oliven- oder Kalvarienberg vorzustellen.[28] Wo man allerdings die Mittel dazu besaß, hat man sich verständlicherweise lieber durch bildliche Darstellungen als durch willkürlich gewählte Gegenstände an das Leben und Leiden Christi erinnern lassen. So entstanden förmliche Nachbildungen der Heiligtümer Jerusalems, von denen nun einige vorgestellt werden sollen.

Das älteste Beispiel hierfür führt auf den Dominikaner Alvaro von Cordoba († 1420) zurück, der, nachdem er im Jahre 1405 von einer Jerusalemreise zurückgekehrt war, in der Nähe von Cordoba das Kloster Scala coeli gegründet hat. Unweit dieses Klosters befanden sich ein Hügel und ein kleiner Bach, in denen man den Kalvarienberg bzw. den Bach Cedron sah. Alvaro vervollständigte die Erinnerung an Jerusalem, indem er die Leidensstätten Christi durch Kreuze und Kapellen nachbildete.[29] Vielleicht die berühmteste solcher Anlagen ist der bereits erwähnte Monte Varallo bei Novara im Mailändischen, der u. a. auch vom hl. Karl Borromäus häufig besucht worden ist. Weitere Kalvarienberg-Anlagen, die große Bekanntheit erlangten, entstanden in Romans an der Isère (Dep. Drôme) sowie in Maria Dusenbach/Elsaß. Was Maria Dusenbach betrifft, so sind auch dort die Jerusalem-Nachbildungen als Erinnerung an eine Palästina-Reise entstanden. Pater Damien Holstein berichtet: „Im Jahre 1484 kehrt Maximin II. von Rappoltstein begeistert von einer Pilgerreise aus dem Heiligen Lande zurück. Um seine Erinnerungen möglichst lebendig zu erhalten, beschließt er, Maria-Dusenbach in eine Art Klein-Jerusalem umzuwandeln. Er läßt die Hauptorte des Leidens Christi nachbilden, und wählt den Raum unmittelbar hinter der Kapelle zur Darstellung der Todesangst Christi. Die lebensgroßen Bildnisse des zum Vater betenden Heilandes, des Engels, der ihn stärkt und der drei schlafenden Jünger werden dort aufgestellt. Auf dem Rücken des Felsens steht ein Turm von eigentümlicher Bauart, er nennt ihn das ‚Gefängnis Christi'. Er soll die Höhle darstellen, in welcher der Heiland angeblich gefangen war, bis die Vorbereitung zu seiner Kreuzigung vollendet war. Eine dritte Station stellt die Kreuzigung dar. Sie wird vervollständigt durch Stationskapellen längs der Straße, die von Rappoltsweiler nach Dusenbach führt, eine Nachahmung der ‚Via Dolorosa' in Jerusalem. Die Doppel-Kapelle wird in ein Grab Christi umgewandelt mit dem lebensgroßen Bilde des toten Heilandes in Stein gehauen."[30] Was die Darstellung des Heiligen Grabes angeht, so ist es nachgewiesen, daß derartige Bildnisse äußerst häufig von Rittern, die aus den Kreuzzügen zurückkehrten, oder von nachfolgenden Heilig-Land-Pilgern errichtet wurden. In Deutschland lassen sich derartige Grab-Christi-Nachbildungen in der Zeit von 822[31] bis etwa 1730 feststellen. Danach verliert das „Heilige Grab" seine Selbständigkeit; es bleibt aber als letzte Station einer Monumentenreihe erhalten, die inzwischen als Kreuzweg zu einem feststehenden kirchlichen Andachtsausdruck geworden ist.[32]

Nachdem nun einige Beispiele für Passionswege aus Italien, Spanien und Frankreich genannt worden sind, soll aber auch noch ein Blick auf Deutschland und die Niederlande bzw. Belgien geworfen werden, wo sich einige Nachbildungen der hl. Stätten Jerusalems bis in die heutige Zeit hinein gut erhalten haben. Es wird sich nämlich nirgendwo eine Nachbildung des Grabes Christi finden, „die mit derartiger Ausführlichkeit und kopistischer Genauigkeit die Kalvarienstätten mit Stadt und Landschaft zu einer solchen Erlebnis- und Bedeutungseinheit verschmolzen hat, wie dies in einzigartiger Weise in Görlitz geschehen ist"[33]. Außerhalb der Görlitzer Nikolaivorstadt ließ der Patrizier Georg Emmerich in den Jahren 1481–1504 das Heilige Grab erbauen. Aus familienpolitischen Gründen hatte er, wie Hans Müller erläutert, „eine Pilgerfahrt nach Jerusalem antreten müssen und nach seiner Rückkehr die in damaliger Zeit geläufige Idee des Nachbaues von Christi Grab aufgegriffen. Inzwischen Bürgermeister, vermochte er für die Bauaufgabe die an der Peter-Pauls-Kirche tätigen Conrad Pflüger und Blasius Börer zu verpflichten. Die Anlage des Pilgerweges besteht aus der zweigeschossigen Heilig-Kreuz-Kapelle, dem Salbhäuschen mit einer Beweinungsgruppe, (....), und der doppelräumigen Heilig-Grab-Kapelle mit dem orientalisierenden Kuppeltürmchen."[34] Das Besondere an dieser Görlitzer Anlage ist, daß die den heiligen Stätten in Jerusalem nachgebildete und nachempfundene Bedeutungsträgerschaft in Landschaft und Stadt ausgeweitet wurde: „Der an der Nordgrenze des Gartens gelegene Bacheinschnitt wurde als Tal Kidron gedeutet, das dahinter ansteigende Gelände als Ölberg mit Ölberggarten, Jüngerwiese und Gebetsstätte Christi. Auch in bedeutungsschwerer Verbindung mit der Stadt selbst ist die Görlitzer Nachbildung der Kalvarienstätten von Jerusalem zu sehen: Vom Westportal der Peterskirche, als Richthaus des Pilatus gedeutet, bis zum Bildstock am Aufgang zur Kreuzkapelle wurde die Via dolorosa von Jerusalem nach Schrittmaß in die Topographie von Stadt und Vorstadt hineingedeutet und durch Bildstöcke und nicht erhaltene Bildwerke markiert."[35] Der gesamte Schmerzensweg war durch zwei Bildstöcke in drei Teile geteilt: der erste Bildstock bezeichnete den Ort, an dem Simon von Cyrene Jesus das Kreuz abnahm, und der zweite Bildstock wies auf die Stelle, an der Christus das Kreuz wieder übernahm und es dann alleine den Kalvarienberg hinauftrug.[36]

Auch in späterer Zeit ist noch eine große Anzahl weiterer ähnlich umfassender Kalvarienberge errichtet worden, auf die an dieser

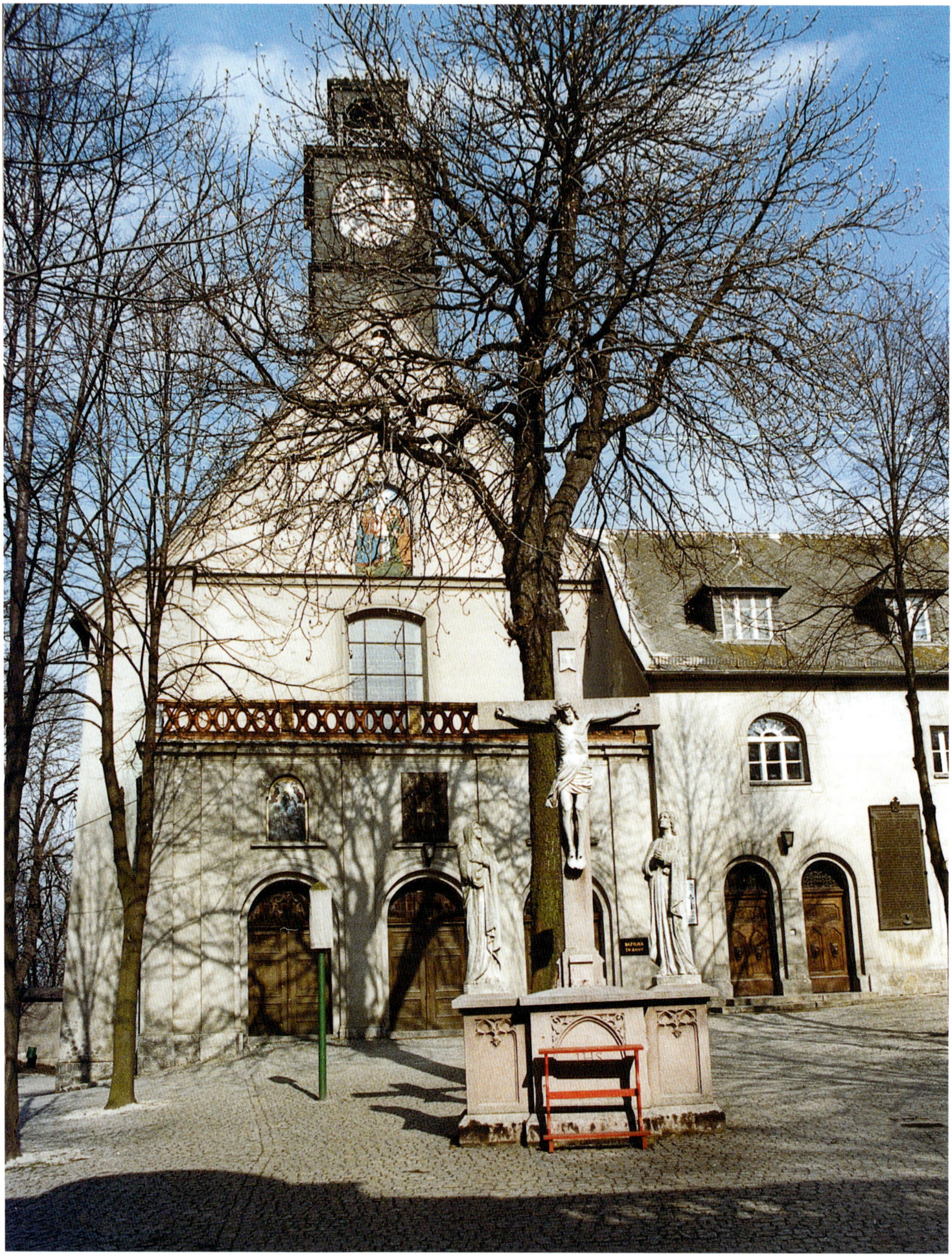
BAZYLIKA
ŚW ANNY

Oben:
Góra Świętej Anny/St. Annaberg in Oberschlesien: Die dem hl. Erzengel Raphael, dem Schutzpatron der Pilger, geweihte Kapelle, die den Anfangspunkt der 28 Stationen der Passion Christi bildet

Rechts:
Willich-Neersen/Niederrhein: Außenansicht der 1656 erbauten Kapelle „Klein Jerusalem". An der Treppenbalustrade befindet sich die Wappentafel Gerhard Vynhovens, und über dem Portal ein aus dem Jahre 1772 stammendes Relief mit dem Wappen der Minoriten, die sich der Wallfahrt und der Kapelle in jener Zeit annahmen. Die Inschrift über dem Türsturz lautet übersetzt: „Jerusalem ins Leben zurückgeholt, geschmückt mit den Zeichen des Franziskus im 4. Jahr, in dem ein Minorit als Papst die Kirche Gottes auf Erden leitete."

Seite 10:
Góra Świętej Anny/St. Annaberg in Oberschlesien: Blick über den Paradiesplatz auf die um 1485/1516 errichtete Basilika St. Anna mit Franziskanerkloster und Kreuzigungsgruppe

Oben links:
Willich-Neersen, Kapelle „Klein-Jerusalem": Grabinschrift Gerhard Vynhovens in der Unterkirche. Rechts oben ist das Vynhovensche Wappen zu erkennen, und links Vynhoven selbst, der dem in der Mitte dargestellten Gekreuzigten zuruft: „Für mich bedeutet Leben Christus, und Sterben ist Gewinn." Darunter künden 7 lateinische Hexameter von dem, was der Priester Vynhoven als Sinn und Mitte seines Lebens ansah, sowie von seinem Abschiedsschmerz. Sie enthalten ferner eine Anrede an den Betrachter, eine Mahnung, eine Totenklage und eine Bitte um ein Gebet: „Gerhard, der für Christus aus frommer Liebe diese schöne Kapelle erbaut und die Herde in der Liebe zur Frömmigkeit unterrichtet hat, liegt hier gleich einem gefällten duftenden Baum. Lebewohl sagt er dir und dieser Kapelle. Und lebe wie einer, der mit den Seligen im Himmel dereinst vereint werden soll! O du Betrachter, der du sterblich bist, stehe still, schaue und klage! Ich bin, was du sein wirst, ein wenig Asche. Ich bitte dich, bete für mich!" Darunter ein Chronikon: Als Vynhoven, Erbauer dieser Kapelle, starb, war der 14. März 1674.

Oben rechts:
Willich-Neersen, Kapelle „Klein-Jerusalem": Das aus dem Jahre 1661 stammende Modell des Heiligen Grabes, eine Nachbildung des Modells aus der Grabeskirche zu Jerusalem vor dem großen Brand im Jahre 1808. Die Neersener Anlage besteht aus einem Vorraum mit dem Bild der drei Frauen am Grabe sowie aus der eigentlichen Grabkapelle mit dem Grab Jesu und dem Bild des Auferstandenen. Auf der Frontseite des Häuschens sind die Leidenssymbole Christi und zwei schlafende Wächter zu sehen.

Seite 13 oben:
Willich-Neersen, Kapelle „Klein-Jerusalem": Fresko im Vorraum des Hl. Grabes: Verkündigung der Auferstehung

Seite 13 unten:
Willich-Neersen, Kapelle „Klein-Jerusalem": Bei der Restaurierung im Jahre 1979 wiederentdecktes Fresko im hinteren Raum des Hl. Grabes: Auferstandener Christus

M. Jacobi
M. Magdalena
M. Salome
heiligen
S. Marcus
ist aber Lang
fuß 11 zoll
fuß 4 zoll
1½ fuß 3½ zoll
6
5

ΙΗΣΟΡΣ ΝΑΖΑΡΑΙΟΣ
ΒΑΣΙΑΕΡΣ
ΤΩΝ ΙΟΡΔΑΙΩΝ
IESUS NAZARENUS
REX
IUDAEORUM.

Stelle jedoch nicht mehr ausführlich eingegangen werden soll. Man denke z.B. nur an die schlesischen, heute zu Polen gehörenden Wallfahrtsorte Albendorf/Grafschaft Glatz[37] und St. Annaberg. Der St. Annaberg in Oberschlesien, auf dem von 1700–1709 insgesamt 30 kleinere und drei größere Kapellen[38] zur Erinnerung an die Ereignisse der Leidensgeschichte erbaut wurden, beeindruckt seine Besucher noch heute, vor allem an großen Wallfahrtstagen, z.B. am Fest der Kreuzerhöhung, zu dem stets mehr als 100 organisierte Pilgerzüge am Kalvarienberg eintreffen.[39] Weniger bekannt ist dagegen eine kleine Kirche, die in Nordrhein-Westfalen, und zwar in Willich-Neersen (Kreis Kempen-Krefeld) gelegen ist. „Kapelle Klein-Jerusalem" wird sie genannt, und sie wurde im Jahre 1656 erbaut. Ihr Stifter war der Anrather Vikar und spätere Osterather Pfarrer Gerhard Vynhoven, der sich mehrere Jahre lang im Heiligen Land aufgehalten hatte, und der in Neersen die hl. Stätten der Geburt und des Sterbens des Herrn nachbilden ließ, um den Gläubigen seiner Heimatgemeinde Christus vor Augen zu stellen.[40]

Sehr volkstümlich war die Verehrung der hl. Stätten Palästinas in den Niederlanden. Allein in Leiden gab es ein Nazareth, ein Jerusalem, ein Sion und ein Emmaus[41], und in Utrecht wurde im Jahre 1394 eine Bruderschaft des Hl. Grabes gegründet, die es später auch in Haarlem bzw. in Brügge gab, wo an der Peperstraat auch eine Jerusalemkirche, die Jeruzalemkerk, zu finden ist. Auf Initiative von Anselm Adornes, der zusammen mit seinem Sohn Jan in den Jahren 1470–71 eine Pilgerfahrt in das Hl. Land unternommen hatte, wurde diese Kirche nach dem Vorbild der Jerusalemer Hl.-Grab-Kirche erbaut: in ihrer Krypta befinden sich eine Nachbildung des Hl. Grabes sowie eine Reliquie des Hl. Kreuzes.[42] Laut Kneller[43] ist es auch nicht verwunderlich, wenn in den Niederlanden die ersten Kreuzwegbüchlein nachzuweisen sind.

In diesem Unterabschnitt über „Jerusalem im Abendland" sind jetzt eine ganze Reihe von Orten vorgestellt worden, an denen, meist ausgelöst durch eine Pilgerreise in das Hl. Land, die heiligen Stätten Jerusalems in Deutschland, Italien oder Frankreich nachgebaut worden sind, aber allein aus einer solchen geistlichen Jerusalemfahrt konnte die fromme Begehung des Schmerzensweges als besondere Andachtsübung noch nicht hervorgehen, „wenn nicht vorher die Frömmigkeit mit besonderer Liebe der Verehrung des kreuztragenden Heilandes sich zugewandt hatte"[44].

Im nächsten Unterabschnitt soll nun untersucht werden, wann und in welcher Form diese besondere Form der Verehrung Jesu entstanden ist.

1.1.3. Die Verehrung des kreuztragenden Christus

Als Mittel- und Angelpunkt der christlichen Glaubenslehre galt schon immer als höchster Liebeserweis Christi und Gottes, daß Jesus nach dem Willen seines Vaters für die Menschheit gestorben ist, und daher sind, wie die Briefe des Apostels Paulus, auch die Schriften der apostolischen Väter durchzogen von dem Gedanken an Christi Leiden und Tod.[45] So ist seit den ältesten christlichen Zeiten der Kreuzestod auf Golgatha immer als Mittelpunkt des Christentums betrachtet und verehrt worden, aber die Art und Weise der Verehrung und Auffassung des Leidens Christi ist dennoch nicht zu allen Zeiten dieselbe. Die späteren Jahrhunderte des christlichen Altertums sehen in dem Gekreuzigten vor allem den glorreichen Sieger, der durch Leiden und Tod über Hölle und Sünde triumphiert, der die Menschheit befreit, und der eine Herrschaft ohne Ende gründet. Das Auge folgt ihm wohl in die Tiefen seiner Erniedrigung und Schmach, aber heftet sich doch sofort vor allem wieder auf des Gekreuzigten Macht, Weisheit und göttliche Kraft.[46] Der triumphalistische Akzent der Passionstheologie des ersten Jahrtausends hängt laut Markwart Herzog auch damit zusammen, „daß die Kirche in den ersten Jahrhunderten mit den christologischen Häresien beschäftigt war, die gerade die Göttlichkeit Jesu in Abrede stellten"[47], und ferner war es zunächst ein Trauma, daß der Stifter der christlichen Religion mit zwei Verbrechern den schmachvollen Sklaventod sterben mußte. In der geistlichen Literatur wie auch in der Kunst wurden die Schmerzen des Gekreuzigten entweder gar nicht oder nur andeutungsweise dargestellt, denn die immer wiederkehrenden Gedanken waren die, daß der Gekreuzigte nicht nur Mensch, sondern auch Gott ist, und daß er als Erlöser beides sein mußte, daß er am Kreuz triumphierte und alles Heil von seinem Opfertod ausgeht.[48] In der Kunst wird Christus am Kreuz erst seit Mitte des 6. Jahrhunderts abgebildet, aber daraus darf man nicht schließen, daß das christliche Altertum das Mitgefühl mit dem leidenden Jesus nicht gekannt habe, denn es läßt sich sehr wohl feststellen, wenn man z.B. die Werke des Tertullian oder des Venantius Fortunatus liest.[49] Die Richtung der Andacht ging bei allem Mitgefühl aber trotzdem nicht dahin, daß man in die Einzelheiten des Leidens Jesu eindrang und die ganze Tiefe des Schmerzes und der Erniedrigung des Gottessohnes zu ermessen strebte.[50] So ist im ersten Jahrtausend noch kein Ansatz zu Frömmigkeitsübungen wahrnehmbar, wie sie in den späteren Ölbergs- und Kreuzwegandachten vorliegen. Eine andere Auffassung über das Leiden Christi kam später durch den hl. Franziskus von Assisi (Lebensdaten: um 1181–1226) auf. Von Anfang seiner Bekehrung an hatte Franziskus dem leidenden Christus eine ganz besondere Verehrung zugewandt, die sich in tiefsinnigstem Mitgefühl äußerte. Für Franziskus wurde der Gedanke unerträglich, daß er es besser haben sollte als sein Heiland. Es entstand nun eine neue Frömmigkeitsrichtung, die sich auf Schmerz und Leiden des Gottessohnes konzentrierte, und der Franziskanerorden verbreitete die Gedanken seines Gründers. Man begann nun auch in der abendländischen Kunst, die Erniedrigung und die Schmerzen Christi detailliert darzustellen. Unter dem Einfluß dieser Leidensmystik hat sich die mittelalterliche Kunst dem Thema der Passion auf vermeintlich realistische, und oft auch auf bewußt übertriebene Art gestellt. Schon vor dem Auftreten der Passionswege waren unter den Abbildungen des Leidens Jesu fast alle Elemente vorhanden, die später in den Kreuzweg aufgenommen wurden: die Bilderwelt war längst vorhanden, ohne schon thematisch eingegrenzt und zusammengestellt worden zu sein.[51] Ferner entstanden Dichtungen wie das „Stabat mater" des Franziskaners Jacopone da Todi, und jetzt konnten auch die Andachten zu den fünf Wunden und zu den Fußfällen Jesu Verbreitung finden, so daß man sagen kann, daß der Boden für die Entstehung der Kreuzwegandacht nun gelegt war.

Im folgenden soll der Frage nachgegangen werden, warum die Gläubigen vor anderen Ereignissen des Leidens Jesu gerade die Kreuztragung Christi mit Vorliebe zum Gegenstand der Verehrung auswählten.

Ein wesentlicher Punkt ist sicher das prägnante Wort Jesu aus dem Matthäusevangelium (Mt 16,24): „Wer mein Jünger sein will, der verleugne sich selbst, nehme sein Kreuz auf sich und folge mir nach." Und in Mt 10,38 heißt es: „Und wer nicht sein Kreuz auf sich nimmt und mir nachfolgt, ist meiner nicht würdig." In diesen Stellen erscheint die Kreuztragung Jesu Christi als Vorbild des gewöhnlichen Christenlebens, die tägliche Pflichterfüllung als Nachfolge des kreuztragenden Erlösers.[52] Dementsprechend konnte gerade diese Szene der Leidensgeschichte der besonderen Aufmerksamkeit der Gläubigen nicht entgehen. Zum Zwecke der Einprägung der Leidensgeschichte in Herz und Sinn kamen im Mittelalter auch die Passionsspiele auf, die sich großer Beliebtheit erfreuten. Dabei wurde die Passion Christi auf der Bühne nachgespielt, aber man zog auch durch die Straßen, um die verschiedenen Gänge Christi zu Annas, Kaiphas, Pilatus und zum Kalvarienberg zu versinnlichen.[53] Auch außerhalb der Passionsspiele fanden Prozessionen statt, bei denen das Leben und Leiden Christi und die Kreuztragung in Figuren dargestellt wurde, was in besonderer Weise dazu beitrug, die Aufmerksamkeit auf die verschiedenen Gänge Christi während seines Leidens und vor allem auf den Gang zum Kalvarienberg hinzulenken. Am Ende des Mittelalters begann man dann allmählich auch, in verschiedener Weise den Schmerzensweg Christi nachzubilden. Als ein Beispiel hierfür sei die Kanzel des Münsters U.L. Frau zu Villingen erwähnt, eine spätgotische Arbeit, die um 1500 geschaffen wurde, und die Josef Fuchs im Villinger Münsterführer folgendermaßen beschreibt: „Der Leidensweg Christi ist in sieben Reliefs an der Treppenbrüstung und am Kanzelkorb erzählt. Aufsteigend und damit die Dramatik verstärkend, in ein strenges Raster von reichen Profilen eingepaßt, sind die eher an Mysterien- oder Passionsspiele erinnernden Szenen: Pilatus wäscht sich die Hände – Veronika hat Jesus das Schweißtuch gereicht – Christus mit dem Kreuz und Simon von Cyrene – Annagelung Christi (...) – Kreuzigung (...) – Kreuzabnahme und (...) die Grablegung."[54] Diese Villinger Kanzel kann also schon als ein Vorläufer des Kreuzwegs angesehen werden, denn alle Motive, die auf der Kanzel zu sehen sind, werden sich später im Kreuzweg wiederfinden.

Im Teilkapitel 1.1. ist nun dargelegt worden, wie der Boden entstanden ist, auf dem die Kreuzwegandacht erwachsen konnte, und ferner sind einige Bedingungen genannt worden, die die Entwicklung der Kreuzwegandacht ermöglichten und förderten. Das Teilkapitel 1.2. hat jetzt zum Ziel, diese Entwicklung selbst aufzuzeigen.

1.2. Die Entstehung der Kreuzwegandacht

1.2.1. Anfänge, erster Untergang und neue Blüte

Bereits im 14. Jahrhundert war das Bild des Kreuzschleppers häufig anzutreffen, d. h. in und außerhalb von Kirchen stehende Bildstöcke oder Vollplastiken, die, meist ohne Assistenzfiguren, Christus das Kreuz tragend, manchmal auch darunter zusammenbrechend, darstellen.[55] Die einfachste Form des Kreuzwegs tritt jedoch erst gegen Ende des 15. Jahrhunderts auf, und dabei bezeichnet man zunächst nur den Anfangs- sowie den Endpunkt des Leidensweges. Kneller schreibt: „Ein Stadttor, eine Kirche, ein Rathaus wird als Anfangspunkt genommen, und in einer Entfernung, die der Länge des Schmerzensweges entspricht, etwa ein Kreuz oder eine Kapelle errichtet. Der fromme Wanderer mochte dann die abgesteckte Länge abschreiten und auf solche Weise eine leben-

Seite 17: Stans/Kanton Unterwalden (CH), Beinhaus: Kreuztragender Christus. Jost Zumbühl aus Wolfenschießen zugewiesene Holzfigur

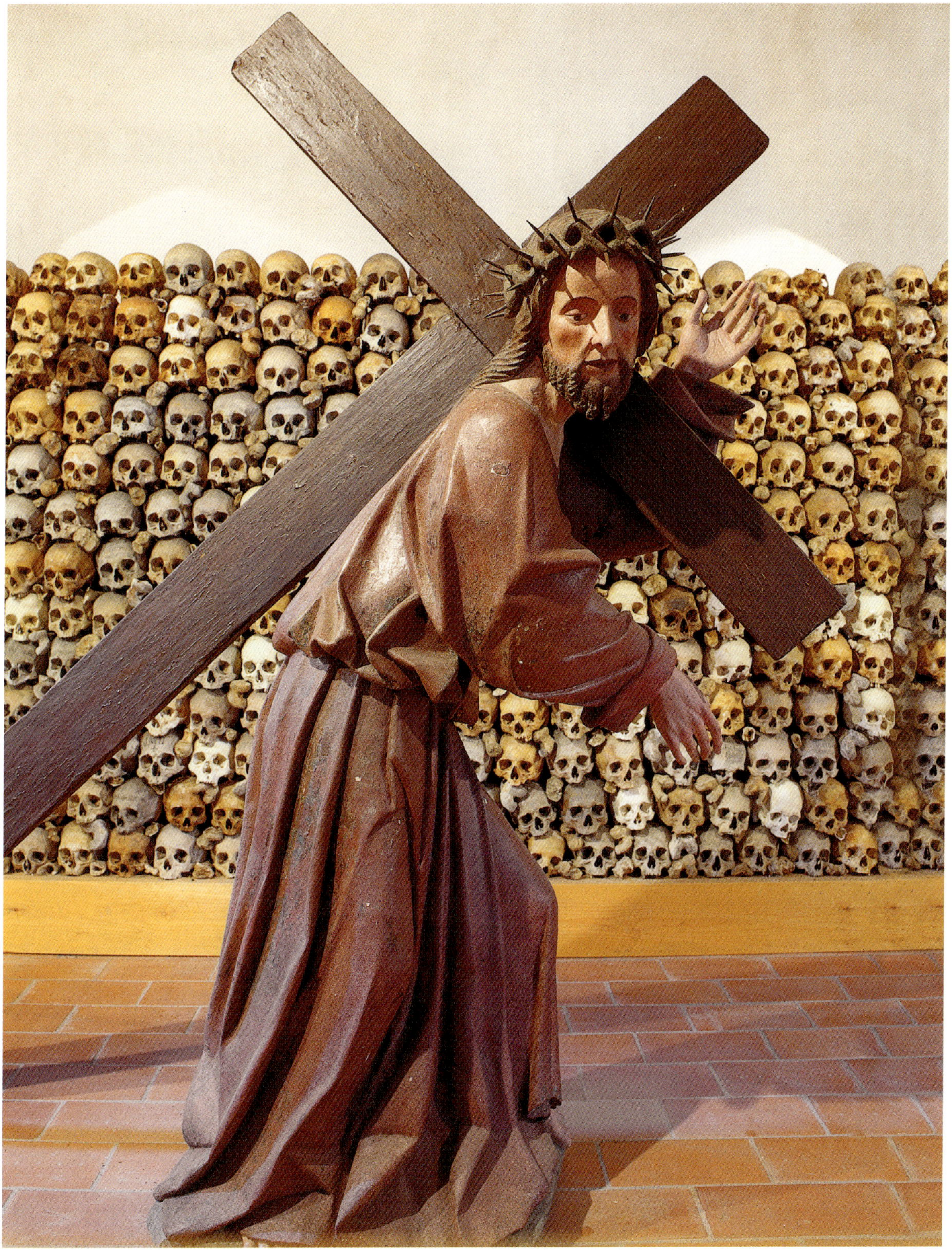

dige Anschauung davon gewinnen, was es heiße, mit einem schweren Kreuz auf dem Rücken, matt und müde einen so weiten Weg sich hinzuschleppen."[56] Vor allem in Norddeutschland waren solche Kreuzwege, die fast alle von Jerusalempilgern nach glücklicher Heimkehr angelegt wurden, nicht selten, aber auch in Süddeutschland kannte man bereits diese einfachste Form des Kreuzwegs.

Man blieb nun nicht allzu lange dabei stehen, nur Anfangs- und Endpunkte des Leidensweges zu bezeichnen, sondern fügte bald die übrigen Stationen hinzu. Das älteste Beispiel eines solchen Stationenkreuzwegs findet sich auf dem St. Johannis-Friedhof in Nürnberg. Die Straße zu diesem Friedhof war seit 1508 von Kreuzwegstationen Adam Kraffts flankiert, deren Endpunkt nahe dem Friedhofsportal eine Hl. Grab-Kapelle bildete. Von den Kreuzwegstationen sind heute allerdings nur noch einige Kopien erhalten, und die alte Hl. Grab-Kapelle wurde bereits 1513–1515 durch einen Rundbau Hans Behaims d. Ä. abgelöst.[57] Weitere Kreuzwege dieser Zeit entstanden in Bamberg, Fribourg, Romans sowie im Elsaß und auch in Tirol. Was die Kreuzwegdarstellungen in Tirol betrifft, so verdient vor allem das Franziskanerkloster in Schwaz Beachtung, denn an den Arkadenwänden seines Kreuzgangs findet sich eines der umfangreichsten Denkmäler kirchlicher Wandmalerei des frühen 16. Jahrhunderts. Die Entstehungszeit ist umstritten: 1512 bis 1526 bzw. 1519 bis 1526.[58] In 24 Einzeldarstellungen werden das Leiden und die Glorie Jesu erzählt, und davon stammen 13 Motive aus der Leidensgeschichte. Wendet man sich aber nochmals dem süddeutschen Raum zu, so findet man einen der frühen Kreuzwege auch an der Volkacher Kirche „Maria im Weingarten", die vor allem durch ihre „Madonna im Rosenkranz" von Tilman Riemenschneider berühmt geworden ist. Wie die Inschriften auf den noch erhaltenen drei Stationen aus dem Jahre 1521 besagen, führte ein Stationsweg von der Stadt Volkach zur Wallfahrtskirche hinauf, der als eine Übertragung des historischen Leidensweges der Via dolorosa in Jerusalem gesehen werden kann: beginnend in der Stadtmitte – das Rathaus galt als das ‚Haus des Pilatus' – endigend vor dem Gnadenbild der schmerzhaften Mutter in der Bergkirche selbst. Ein Kitzinger Bildhauer schuf die Stationsbilder, die den Einfluß Til Riemenschneiders und Adam Kraffts widerspiegeln.[59] Die Anzahl solcher Stationswege wurde nun immer größer, und im Jahre 1520 gab es in Süddeutschland sogar eine förmliche Anweisung zur Errichtung solcher Andachtsstätten, eine ‚Nota, Martersäulen auszusetzen zu einer Kirchen auf den Weg, dahin das Volk dann fast (= eifrig) gehen tut'[60]. Ferner erschien im Jahre 1521 in Nürnberg ein Büchlein, das sowohl zum andächtigen Begehen des Schmerzensweges als auch zur Aufstellung von Kreuzwegen anzuleiten beabsichtigte.[61] In diesem Büchlein, das keinen eigentlichen Titel besitzt, werden die folgenden 17 Gänge genannt, die jeweils illustriert und durch Erläuterungen aus dem Evangelium bzw. durch Psalmverse ergänzt sind: 1. Jesu Abschied von der Mutter; 2. Abendmahl; 3. Gethsemane; 4. Jesus vor Annas; 5. vor Kaiphas; 6. vor Pilatus; 7. vor Herodes; 8. Krönung, Geißelung, Ecce-Homo; 9. Verurteilung, Jesus erhält seine Kleider wieder, wird mit dem Kreuz beladen; 10. Begegnung mit der Mutter; 11. Fall und Simon von Cyrene; 12. die weinenden Frauen; 13. Veronika; 14. Kreuzigung; 15. am Kreuze; 16. Kreuzabnahme; 17. Begräbnis.

Gegen Ende des Mittelalters wurden allerdings auch die sogenannten „Sieben Fälle" häufig dargestellt. Deren Bildmotive und Aufeinanderfolge sind jedoch nicht immer einheitlich[62], aber meist findet man die folgende Ordnung: „1. Christus wird beim Überschreiten des Baches Cedron in diesen hineingeworfen; 2. Christus fällt auf der Straße, da er von Herodes zu Pilatus geführt wird; 3. Fall beim Ersteigen der Treppe (Scala santa) vor dem Haus des Pilatus; 4. nach der Geißelung fällt er hin, da man ihn von der Säule löst; 5. Fall beim Anhören des Todesurteils; 6. er wird auf das Kreuz niedergeworfen zur Annagelung; 7. bei der Erhöhung des Kreuzes fällt dasselbe wieder zur Erde."[63]

Auch in den Niederlanden und im Rheinland waren zu Beginn des 16. Jahrhunderts die Kreuzwege bereits sehr verbreitet. In der Mainzer St. Quintinskirche sind z. B. noch zwei gotische Steinreliefs „Christus am Ölberg" und „Kreuztragung" erhalten, die wohl zu einem Kreuzweg als Stationen gehörten, und die um 1500 entstanden sind.[64] Eine weitere Darstellung, die zu dieser Zeit geradezu eine Hochflut erlebte, ist die des Schmerzensmannes: Christus mit der Dornenkrone, auf einem Stein sitzend oder auch mit gefesselten Händen stehend. Laut Ernst Kramer sollte er „durch sein schmerzvolles Bild die Verkörperung des bitteren Leidens sein und dabei auf die durch dieses erfolgte Erlösung der armen Seelen aus dem Fegefeuer hinweisen und zu entsprechendem Bittgebet veranlassen"[65]. Wenn man die einzelnen Abbildungen des Schmerzensmannes vergleicht, so ist aller-

Volkach am Main, Museum Kartause Astheim: Christus in der Rast, Süddeutschland, um 1650

dings festzustellen, daß die Darstellungen des ruhenden Christus in der Regel früher zu datieren sind als die Figuren des Gegeißelten Heilandes. Vor allem in der Wallfahrtsgeschichte wird dieses deutlich, denn die Wallfahrten zur Herrgottsruh in Friedberg bzw. zur Herrnrast in Ilmmünster gehen auf die

Kempten im Allgäu, Pfarr- und Wallfahrtskirche Heiligkreuz: Gegeißelter Heiland (Ende 18. Jh.)

Jahre 1496[66] bzw. 1599[67] zurück. Die Wallfahrten zum Geßeißelten Heiland in der Wies bei Steingaden bzw. in der Wies bei Freising dagegen entstanden erst in den 30-er Jahren des 18. Jahrhunderts[68] bzw. im Jahre 1745[69], also erst lange nach der Reformation.

Als die Reformation dann hereinbrach, war der Gebrauch religiöser Bilder plötzlich verpönt, und es wurde ein regelrechter Vernichtungskrieg gegen sie eröffnet. Die große Masse dessen, was in der Vorzeit an religiösen Kunstwerken und Andachtsbildern geschaffen worden war, ging nun an vielen Orten zu Grunde. An ihre Stelle traten, da man der Bilder doch nicht ganz entraten mochte, profane und heidnische Darstellungen.[70] Die Reformatoren betrachteten das Leiden Christi jetzt nicht mehr, wie Franziskus, mit Mitgefühl und dem Wunsch nach Verähnlichung, sondern als eine längst vergangene Sache, von der nur mehr eine wohltätige Wirkung übrig geblieben ist. Daher ist für sie, wie Kneller es schreibt, „das Leiden Christi nicht mehr ein Gegenstand der Trauer, sondern nur der Freude. (…) Der Karfreitag, früher durchgehend ein Tag stiller Trauer, wird zum Festtag, der mit rauschenden Gelagen gefeiert wird."[71] Im Zeitalter der Gegenreformation lebten die alten Andachtsübungen jedoch schnell wieder auf. Wallfahrten und Prozessionen, Heiligen- und Reliquienverehrung, Ordenswesen und Bruderschaften fanden zum Teil eine stärkere Pflege als zuvor. Daß auch die Kreuzwegandacht zu neuem Leben erwachte, hatte in der Richtung der Zeit noch seinen besonderen Grund. Der Geist der sog. Gegenreformation ist nicht an letzter Stelle ein Geist der Buße. Man fühlte lebhaft, daß man in der Vergangenheit eine schwere Schuld auf sich geladen und für vieles, sehr vieles eine Sühne zu leisten habe. Daher entstand ein den heutigen Menschen manchmal seltsam und übertrieben erscheinendes Verlangen nach Bußübungen in Anlehnung und Nachahmung des Leidens Christi.[72] So wurde es z.B. am Karfreitag sowie bei Missionen Sitte, daß sich einige Menschen öffentlich geißeln ließen, sich Dornenkronen aufsetzten oder mit Kreuzen beladen einhergingen, was aber noch unter Joseph II. verboten wurde.

Seit dem Ausgang des 16. Jahrhunderts gehörten mehrere Mitglieder des habsburgischen Herrscherhauses zu den Förderern der Kreuzwegandacht, da sie in Österreich zahlreiche Kreuzwege errichten ließen, aber auch in Deutschland nahm die Anzahl an Stationswegen zu: als Beispiele wären die Kreuzwege auf dem Frauenberg bei Fulda[73] und auf dem Engelberg bei Großheubach[74] zu nennen – vor allem aber die Kalvarienberge zu Lenggries[75] und zu Bad Tölz[76], die zu den bedeutendsten und weitläufigsten Anlagen dieser Art in Bayern zählen. Man muß allerdings dazusagen, daß man im 17. Jahrhundert in Deutschland den Kreuzweg in seiner Form, wie er uns heute vorliegt, kaum kannte. Selbst wenn die Kreuzwege in jener Zeit aus 14 oder mehr Stationen bestanden, so sind es meist nicht die heutigen Stationen, und im allgemeinen kannte man nur die Sieben Fußfälle.[77] Erst im 18. Jahrhundert trat hierin eine Änderung ein. Die 14 Stationen wurden allmählich häufiger, aber vielfach hielt man dennoch an den altgewohnten Sieben Fußfällen fest. Als Beispiel hierfür sei die Stadt Neuerburg in der Eifel erwähnt, in der auf dem Weg zur Kreuzkapelle seit Mitte des 18. Jahrhunderts die Stationen der Sieben Fußfälle standen, die verschiedene Personen in der Zeit von 1757 bis 1764 gestiftet haben. Ein Kreuzweg mit 14 Stationen wurde an gleicher Stelle erst im Jahre 1896 zum „Nachfolger" der Sieben Fußfälle.[78] Was die damals so beliebte Siebenzahl angeht, so ist es möglich, daß sie bezüglich der Fußfälle mit den sieben römischen Stationskirchen[79], mit den sieben Tagzeiten des Breviers und den sieben Tagen der Woche zusammenhängt. Im Christentum nahm die Zahl sieben bekanntlich eine ganz besondere Rolle ein[80], aber auch in weltlichen Dingen brachte man ihr eine große Vorliebe entgegen[81]. Erst später[82] kam der Gedanke auf, daß sich die Sieben Fälle alle auf dem Schmerzensweg vom Haus des Pilatus bis nach Golgotha zugetragen haben, und zwar nahm man an, daß alle Ereignisse, welche auf Christi Gang zum Tode statt hatten, mit einem Fall verbunden waren.[83]

Außerhalb Deutschlands scheint die Verehrung der Sieben Fälle kaum oder gar nicht verbreitet gewesen zu sein. Man sprach dort vielmehr von „Stationen", und in den Niederlanden zählte man 7 oder 19, in Italien 14 oder 15, und in Polen 18 Stationen.[84] Was Frankreich angeht, so läßt sich von dort relativ wenig über derartige Stationenandachten erfahren. In der Bretagne allerdings liebte man figurenreiche Kalvarienberge, die sogar zu großen Teilen noch bis heute erhalten geblieben sind. Der harte Granit des Landes erlaubt es, Kreuzigungsgruppen so detailgetreu auszuführen, wie man es bei Steinarbeiten gar nicht für möglich halten würde. Einzelne von diesen Kalvarienbergen entstanden schon im 15. Jahrhundert, aber die schönsten lieferte das 17. Jahrhundert. Am berühmtesten sind jener von St. Thégonnec (1610), der die ganze Leidensgeschichte zur Anschauung bringt, jener von Plougastel (1602), aus nicht weniger als 100 Figuren bestehend, der von Pleyben (1650) usw.[85], aber Erwähnung finden soll auch noch eine Anlage, die laut Raymond Sirjacobs[86] einzigartig in ganz Europa ist, nämlich der prächtige Kalvarienberg bzw. -garten an der ehemaligen Dominikanerkirche St. Paulus zu Antwerpen, der in den Jahren 1700–1731 entstanden ist, und der von zwei Dominikanern in Auftrag gegeben wurde, die zuvor eine Wallfahrt nach Jerusalem unternommen hatten. Der Antwerpener Kalvarienberg ist zwar an einer Außenwand der St.-Paulus-Kirche angebracht, aber viele Kalvarienberge wurden demgegenüber in der freien Landschaft errichtet. Als Standort bevorzugte man kleine Hügel, aber auch höhere Berge, da man zunächst den Jerusalemer Kalvarienberg nachbilden wollte. Ferner bleibt aber die Gewohnheit, einen Berg als Gnadenort auszuersehen, innerhalb des bei fast allen Völkern und Kulturen gewohnten Brauchs[87], denn der die Begegnung zwischen Himmel und Erde bzw. zwischen Gott und den Menschen symbolisierende Berg[88] ist immer eine bevorzugte Lieblingsstätte der religiösen Andachtsübung gewesen, und häufig gab die Wahl des Berges als Andachtsort für den Gestalter der Anlage auch die Möglichkeit, eine „großartige Schöpfung"[89] entstehen zu lassen. Als Beispiel hierfür sei nur der Stationsweg zum Käppele in Würzburg[90] genannt. Luxemburg folgte, was die Stationswege angeht, deutschem Brauch. Die Jesuiten und die Kapuziner errichteten in der Stadt Luxemburg Kreuzwege, und den Franziskanern war ebenfalls ein solcher anvertraut. In Vianden wurde im Jahre 1752 ein Kreuzweg von sieben Stationen errichtet, doch in späterer Zeit wurde die Kreuzwegandacht dort nach dem 14-Stationen-Schema gehalten: die in der Reihe der Sieben Fußfälle nicht dargestellten Stationen betete man dann an bestimmten Kapellen, Altären etc.[91]

In den Bereich „Kreuzweg/Kalvarienberg" gehört nun weiterhin noch eine Besonderheit, die an dieser Stelle nicht unerwähnt bleiben darf, nämlich die sogenannte „Heilige Stiege". Der Sage nach haben Engel die Treppe vor dem Richthaus des Pilatus nach Rom getragen. Dort ist sie als Scala santa beim Lateran mit 28 Marmorstufen zu sehen. Die bereits früh bekannte Legende war von Einfluß auf die Szenen der späteren Passionsbilderfolgen.

Die „Heilige Stiege" ist zwar keine beim Kreuzweg geforderte Anlage, aber sie wurde häufig, meist unter Beibehaltung der Stufenzahl 28, in die Stationswege eingefügt.[92] In Deutschland sind in Bad Tölz[93], Bonn-Poppelsdorf[94], Lenggries[95] und Windberg[96] derartige Heilige Stiegen mit je 28 Stufen zu finden. Die Heilige Stiege in Mariaort zählt hingegen 16 Stufen[97], und die in Anzing, wohl aus Platzgründen, nur 14 Stufen[98].

Die in 1.2.1. behandelten Sieben Fußfälle, die in Deutschland einst sehr verbreitet waren, sind inzwischen durch die 14 Stationen verdrängt worden. Der kommende Unterabschnitt 1.2.2. soll zum Ziel haben, daß untersucht wird, wie der Begriff der Station entstanden ist, und wie sich die 14 Kreuzwegstationen entwickelt haben.

1.2.2. Die Stationen der Leidensgeschichte Jesu

Das Wort „statio" bedeutet soviel wie „stehen, stillstehen", und weiterhin das Postenstehen der Soldaten.[99] In frühchristlicher Zeit fand sich das Wort als kirchlicher Ausdruck zunächst nur in der letzteren Bedeutung, denn die ganze Auffassung des Christentums war in der Jugendzeit der Kirche eine durch und durch militärische. Mit Vorliebe stellte man sich den Christen als Krieger Gottes und das christliche Leben als Kriegsdienst vor.[100] So wie es für den Soldaten Tage gab, an denen er zu strammerem Dienst auf den Vorposten herangezogen wurde, so gab es auch für den Christen sogenannte „Stationstage", nämlich die Mittwoche und Freitage, an denen der Christ, wie Kneller sich ausdrückt, „durch Fasten und Gottesdienst im Gebrauche seiner Waffen sich übt"[101]. In späterer Zeit[102] änderte sich diese Sitte allerdings, so daß die Stationen nun darin bestanden, daß man an gewissen Tagen prozessionsweise zu einer bestimmten Kirche zog, in der dann ein Gottesdienst gehalten wurde. Da nun das Leiden Christi nicht an ein und demselben Ort verlief, sondern sich an verschiedenen Leidensstätten abspielte, lag es für das Mittelalter nahe, das ganze Leiden als eine Art Prozession, und die Leidensstätten als „Stationen" dieses Leidensweges aufzufassen. Bei Pepin († 1532), einem Prediger des 16. Jahrhunderts, wurde der Leidensweg in sieben Stationen eingeteilt[103]: 1. der Ölgarten; 2. das Haus des Annas; 3. das des Kaiphas; 4. das Prätorium des Pilatus; 5. der Palast des Herodes; 6. wiederum das Prätorium des Pilatus, und 7. der Kalvarienberg.

Mit der Zeit verwischte sich allerdings der ursprüngliche Begriff der Station mehr oder weniger. Die ältere Zeit hielt ihn jedoch mit Strenge fest. So erscheint die Bezeichnung ‚Station' in alten Beschreibungen Jerusalems den Stätten auf dem Schmerzensweg vorbehalten, während die andern heiligen Orte anders genannt werden.[104]

In Deutschland wurden zunächst nicht die Endpunkte der Schmerzensgänge, die Stationen, sondern die Gänge selbst Gegenstand der Verehrung. Was es heißt, auf schwierigen Wanderungen matt und wund sich hinzuschleppen, unter den Fäusten roher Kriegsknechte als Gefangener weggeführt zu werden, im Angesicht einer gaffenden Menge zum Richter oder zur Richtstatt gehen zu müssen, davon hatte man im Mittelalter eine lebendigere Anschauung als heute.[105] Die Prediger liebten es, sich so lebhaft wie möglich in die Umstände jener Schmerzenswege hineinzudenken und den Schmerz, der mit ihnen verbunden war, auszumalen. Die Verehrung der Schmerzenswege Christi mußte die Aufmerksamkeit nun aber ganz besonders auf den schmerzlichsten und schmachvollsten dieser Gänge, nämlich auf den Kreuzweg, richten, und nachdem sich die Aufmerksamkeit den Gängen Christi einmal zugewandt hatte, begann man diese auch zu zählen. Es rechnete aber nicht jeder nur sieben Gänge: einige fanden neun, andere sogar zwölf oder fünfzehn im Evangelium angedeutet.[106] Die Andacht zu den Gängen Christi, die nun vor allem in der Karwoche gehalten wurde, verbreitete sich schnell über ganz Deutschland, aber auch bis nach Dänemark hin. In Deutschland entstand eine Sitte, am Karfreitag sieben oder neun Kirchen zu besuchen, die sehr wahrscheinlich auf die römische Wallfahrt zu den Hauptkirchen der Stadt zurückging.[107] Seit der Zeit des hl. Philipp Neri († 1595) erinnert man sich in Rom nämlich beim Besuch der sieben Hauptkirchen an die sieben Leidensgänge Christi, so wie sie von Pepin (s.o.) aufgezählt worden sind. Der Pilgergang von einer Hauptkirche zur nächsten war zwar noch kein direkter Kreuzweg, aber da die Auffassung des Leidens Christi, zusammengesetzt aus Gängen und Stationen, volkstümlich werden mußte, bereitete die Verehrung der sieben Stationskirchen den Kreuzwegstationen die Bahn. Das ganze Leiden vom Gang zum Ölberg an hatte man jetzt schon in Stationen eingeteilt, und nun lag es nahe, dieselbe Einteilung und Betrachtungsweise auch auf den letzten, schmerzlichsten Gang zum Kalvarienberg anzuwenden.[108]

Im Mittelalter war es ferner üblich, alle sieben Tagzeiten mit dem Leiden Christi in Verbindung zu setzen. Kneller berichtet: „Das Leiden dauerte vom Donnerstagabend bis zur Grablegung am Freitag, ungefähr 24 Stunden lang. Ebensoviele Zeit umfassen die sieben Zeiten des Chorgebetes der Priester und Mönche. Diese Übereinstimmung war zu offenbar, als daß man sie hätte übersehen können, und so verrichtete man das nächtliche Gebet zur Mette zu Ehren der Gefangennahme, bei der Prim erinnerte man sich an die Überlieferung Christi an Pilatus, bei der Terz an die Geißelung und Krönung, bei der Sext an die Kreuztragung, Entkleidung, Annagelung, bei der Non an Christi Tod. Die Vesper weihte man dem Andenken an die Kreuzabnahme, die Komplet der Verehrung des Begräbnisses."[109] Der Priester und die Ordensleute sollten also den ganzen Tag in der Erinnerung an die Erlösungstaten Christi leben, und im Mittelalter war man es schnell gewöhnt, das Breviergebet dermaßen mit dem Leiden Christi zu verbinden, und man war ebenfalls auf eine Andacht vorbereitet, bei der in örtlichen Abständen Bilder oder sonstige Erinnerungszeichen an die Schmerzen des Erlösers aufgestellt waren, und sich der Beter von einem Bild zum andern bewegte, um so die ganze Leidensgeschichte betrachtend durchzugehen.[110] Zunächst beschränkte man sich, z.B. im 17. Jahrhundert in Wallonien, auf sieben sich eng an das Evangelium anschließende Stationen: an den Ölgarten, das Haus des Annas, des Kaiphas, des Pilatus, des Herodes, wieder des Pilatus und schließlich den Kalvarienberg[111], aber da man die Stationen schon kurze Zeit später für zu ungleich an Inhalt hielt, ließen sie sich in dieser Form nicht aufrecht erhalten.

Heute versteht man unter „Stationen" gewöhnlich nicht die sämtlichen Stationen der Leidensgeschichte, sondern nur die Ereignisse, die sich auf dem eigentlichen Kreuzweg Christi zugetragen haben. Adrichomius sprach, wie in 1.1.1. bereits erwähnt, von einer aus 12 Stationen bestehenden „via crucis". Diese 12 Stationen wurden im Jahre 1625 durch den spanischen Franziskaner Antonius Daza um zwei weitere Stationen, nämlich um Kreuzabnahme und Grablegung ergänzt, so daß man heute die 14 folgenden Stationen zählt: 1. Jesus wird zum Tode verurteilt; 2. Jesus nimmt das Kreuz auf seine Schultern; 3. Jesus fällt zum ersten Mal unter dem Kreuz; 4. Jesus begegnet seiner Mutter; 5. Simon von

Cyrene hilft Jesus das Kreuz zu tragen; 6. Veronika reicht Jesus das Schweißtuch; 7. Jesus fällt zum zweiten Mal unter dem Kreuz; 8. Jesus begegnet den weinenden Frauen; 9. Jesus fällt zum dritten Mal unter dem Kreuz; 10. Jesus wird seiner Kleider beraubt; 11. Jesus wird ans Kreuz genagelt; 12. Jesus stirbt am Kreuz; 13. Jesus wird vom Kreuz abgenommen und in den Schoß seiner Mutter gelegt; 14. Der Leichnam Jesu wird in das Grab gelegt;

Eine wichtige Rolle in der Entstehungsgeschichte des Kreuzwegs nimmt der hl. Leonhard von Porto Maurizio (1676–1751) ein, ein Franziskaner, der als Patron der Volksmissionare verehrt wird. Er hatte ein Gelübde abgelegt, sein Leben im Fall einer Heilung von einer aussichtslos scheinenden Lungenerkrankung ganz den Volksmissionen zu widmen. Die Heilung trat tatsächlich ein, und im Jahre 1704 ließ Leonhard zunächst in seinem Heimatort einen Kreuzweg aufstellen, der auf Dauer überaus großen Zuspruch erfuhr. Allen Schwierigkeiten in und außer dem Orden zum Trotz führte Leonhard darum durch seinen persönlichen Einsatz und seine Freundschaft mit den Päpsten den Kreuzweg zum Sieg, und er bahnte ihm den Weg zu einer weltweit bekannten Andachtsform. Leonhards Bestreben ging dahin, überall, auch außerhalb der Klöster, den Kreuzweg einzurichten, besonders in allen Pfarrkirchen. Der Kreuzweg sollte eine wahre Volksandacht werden.[112] Durch Leonhard von Porto Maurizio erhielt er jetzt auch seine endgültige 14-teilige Fassung, denn Leonhard erreichte letztlich die Anerkennung der Kreuzwegandacht als kirchliches Gebet: Papst Clemens XII. (1730–1740) erklärte die 14 Stationen nun als verbindlich, und damit war die Geschichte der Ausgestaltung des Kreuzwegs abgeschlossen.[113] Leonhard hat daraufhin allein während seiner Missionstätigkeit bis zu seinem Tod am 26. 11. 1751 sicherlich weit über 600 Kreuzweg-Anlagen eingerichtet[114], und im Jahre 1750 vermochte er sogar noch Papst Benedikt XIV. zu bewegen, einen Kreuzweg mit vierzehn Stationen im Kollosseum zu Rom anzulegen. Mit Hilfe der römischen Autorität war es nun eine Leichtigkeit, die erstmalig kirchlich festgelegte Form des Kreuzwegs überallhin zu verbreiten.[115] Als Grundlage für Leonhard von Porto Maurizio dienten auch die Angaben des Adrichomius, doch wurde bereits 1736 verkündet, die bei Adrichomius angegebenen Entfernungen brauchten nicht eingehalten zu werden. Die Reihenfolge der Bilder, die Adrichomius von seinem Landsmann Bethlem übernommen hatte, blieb jedoch unverändert. Sie war somit über Spanien, mit dem die Niederlande vielfach verbunden waren, nach Rom zum Mittelpunkt der Kirche gelangt, und von dort aus wurde die Andacht der 14 Stationen dann über die ganze Welt verbreitet.[116] Mit den 14 Stationen hatte man nun eine Zahl festgelegt, die als zweimal sieben mit den Fußfällen verwandt war, die aber auch bereits in den zweimal sieben Diakonen der alten römischen Kirche bzw. in den Vierzehn Nothelfern vorhanden gewesen ist. Die christliche Kirche hatte hier laut Kramer erneut eine Zahl zur Grundlage einer Andacht gemacht, „die auch schon die antike Welt in den Geraren, den zweimal sieben Priesterinnen des Dionysos und in den 14 griechischen Heroen religiös verwendet hatte"[117].

„Die von verschiedener Seite immer wieder geäußerte Kritik am Kreuzweg hat das Wahrheitsmoment für sich, daß bei einigen Stationen kein biblischer Ursprung nachzuweisen ist (...), andererseits aber wichtige Themen des Passionswegs Jesu fehlen (...)"[118], schreibt Markwart Herzog. So finden z.B. die drei Fälle Jesu unter dem Kreuz sowie die Begegnungen Jesu mit Maria bzw. mit Veronika in der Bibel nirgends Erwähnung[119], und andere Passionsszenen, die aus den Evangelien bekannt sind, z.B. die Dornenkrönung, die Geißelung, die Verspottungen etc., kommen wiederum im Kreuzweg nicht vor. Man muß jedoch sagen, daß auch die oben genannten Geschehnisse, die man nur schwer bzw. gar nicht überprüfen kann, zum Teil naheliegend sind, denn es ist z.B. nicht unwahrscheinlich, daß Maria in der Tat ihren Sohn auf seinem Leidensweg begleitet hat, zumal sie, wie in Johannes 19,25 zu erfahren ist, später unter dem Kreuz zugegen war; und „daß sich bei den Stationsthemen in der Kombination biblischer und naheliegender Geschichten sowie frommer Legenden verschiedene ‚Wahrheitsebenen' begegnen, zeigt gerade das rein legendarische Veronika-Motiv: denn offenkundig spiegelt sich im Tun der Nächstenliebe als Nachahmung der Liebe Jesu dieser selbst."[120] Was die Begegnung mit Veronika betrifft, so stützt sich der Volksglaube z.B. auf eine reiche und verworrene Legendenüberlieferung, die bereits seit dem 4. Jahrhundert immer weiter ausgeformt wurde.[121] Im St. Petersdom zu Rom wird das sogenannte „Sudarium" (= Schweißtuch) seit dem 12. Jahrhundert verehrt, und im Volksmund wird dieses von alters her „Veronyka" genannt, was allerdings nicht auf die am Kreuzweg stehende Frau, sondern auf eine Bildbeischrift bezogen ist, die „vera icon", d.h. „Wirkliches Abbild" lautet.[122] Im späteren Mittelalter besaß dann fast jede Kirche ein derartiges Bild des hl. Antlitzes, das nun als Hinweis auf die eucharistische Gegenwart Christi verstanden und mit Vorliebe an Altären, Sakramentshäuschen[123], Paramenten und Geräten für die Meßfeier angebracht wurde.

Kitzingen am Main, kath. Pfarrkirche St. Johannes: Darstellung des hl. Antlitzes Jesu am Sakramentshaus (um 1470)

Während sich in Italien nun in Kloster und Welt, in Stadt und Land Kreuzweg um Kreuzweg erhob, war von dem neuen Frühling der Kreuzwegandacht in Deutschland wenig zu merken. Es waren schließlich auch wirre, kriegerische Zeiten.[124] Die frühesten Kreuzwege der heutigen Art sollen noch vor 1700 in den schlesischen Klöstern Himmelwitz und Grüssau entstanden sein. Das berühmteste Beispiel allerdings, das wohl am meisten Schule gemacht hat, war der Kreuzweg, der vom Franziskanerkloster auf die Höhe des Kreuzberges in der Rhön führt. Dieser Kapellenkreuzweg wurde im Jahre 1710 als einer der ersten in Deutschland errichtet. Von der Kirche aus führt der Stationsweg mit seinen Kapellen den Berg zu der barocken Kreuzigungsgruppe hinauf, die unterhalb des Gipfels liegt. Die Entfernungen der einzelnen Stationshäuschen sind exakt nach denen in Jerusalem ausgerichtet, insgesamt 1361 Schritte.[125] Da sich der Kreuzweg auf dem Kreuzberg sehr großer Beliebtheit erfreute, wagte man einige Jahre später weiter im Süden Bayerns ein Nachbild, und zwar in Klosterlechfeld, 100 Meter von Wallfahrtskirche und Franziskanerkloster entfernt. Das Klosterlechfelder Nachbild ist gemäß Dieter J. Wehnert „ein schon deshalb beachtenswertes Bauwerk, weil es das erste dieser Art auf damals noch altbayerischem Boden war. Der wuchtige Rundbau ist sieben Meter hoch und hat auf der unteren Plattform einen Durchmesser von neun Metern. Auf zwei breiten Freitreppen steigt man zum ersten Stockwerk empor, auf dem man im Innern des Baus Jesus auf dem Ölberg sieht. Auf der oberen Plattform bildet eine mächtige Kreuzigungsgruppe die zwölfte Station des Kreuzweges. Zu ebener Erde, unterhalb der Ölberggruppe, sieht man in einer Tuffsteinkammer Jesus im Grabe liegen. Dieses Grab bildet die vierzehnte Station des Kreuzweges, während die übrigen zwölf in weitem Bogen um den Kalvarienberg herumgruppiert sind."[126] Erwähnenswert wäre nebenbei noch, daß diese Kalvarienberganlage durch Pater Sebastian Höß, den Onkel der seligen Crescentia Höß von Kaufbeuren, angeregt wurde, der im Jahre 1731 als Exprovinzial in Klosterlechfeld starb.

Laut Arnulf Götz haben die Anlagen in der Rhön und in der Ebene des Lechfeldes dem Kreuzweg den Weg bereitet[127], so daß nun der „Frühling des Kreuzweges"[128] beginnen konnte.

Wie am Ende dieses Unterabschnittes bei der Behandlung des Kreuzberges aus der Rhön bzw. von Klosterlechfeld festgestellt werden konnte, sind die wohl ältesten Kreuzwege Deutschlands an Stätten entstanden, die noch immer von Franziskanern betreut werden, und wenn heutzutage in Pfarrkirchen, an Wallfahrtsstätten etc. neue Kreuzwege eingeweiht werden, so lädt man nicht selten Franziskanerpatres dazu ein. Der folgende Unterabschnitt 1.2.3. soll nun der Frage nachgehen, was den Franziskanerorden in solch einer besonderen Weise mit der Verbreitung des Kreuzwegs verbindet.

1.2.3. Der Franziskanerorden und der Kreuzweg

Die Franziskaner, die bereits im 16. Jahrhundert den Kreuzweg in Jerusalem häufig besuchten, haben sich des Leidensweges Jesu stets in ganz besonderer Weise angenommen. Der Anstoß dazu ging von Italien aus. Etwa seit dem zweiten Jahrzehnt des 17. Jahrhunderts erschienen in Spanien und Italien eine ganze Reihe von Kreuzwegbüchlein. Meist wurden sie von Franziskanern oder Kapuzinern verfaßt, denn diese beiden Orden begannen, die Kreuzwegandacht als etwas ihnen besonders Zustehendes in die Hand zu nehmen.[129] Um die Verbreitung der neuen Andachtsform sehr bemüht zeigte sich z.B. der Franziskaner Salvator Vitalis, der sich strikt an Adrichomius orientierte. Von Stationsbildern sprach Vitalis jedoch noch nicht. Die Stationen sollen einfach durch 14 oder auch durch 16 Kreuze dargestellt sein, wenn man die Kreuze der beiden Schächer der zwölften Station hinzufügen wolle.[130] Papst Urban VIII. ermunterte dann durch Breve vom 18. Januar 1643 die Angehörigen und Zugehörigen des Franziskanerordens, den Kreuzweg, wie Kneller berichtet, „fleißig zu üben und unter demselben die sog. Station vom heiligen Sakrament, d.h. sechs Vaterunser und Ave, zu beten, wodurch sie der Ablässe der heiligen Orte in Jerusalem sollten teilhaft werden können"[131]. Die weitere Entwicklung knüpfte an neue päpstliche Ablaßverleihungen an. Die Päpste Klemens VIII. (1597),

Paul V. (1609) und Urban VIII. (1625) hatten zwischen allen Personen und Orten, die der Leitung des Franziskanergenerals unterstanden, eine weitgehende geistliche Gütergemeinschaft errichtet. Innerhalb dieser Gemeinschaft sollten alle Vorrechte und Ablässe, die einer bestimmten Person oder einem bestimmten Ort, wie Kirche, Kloster, Altar usw., verliehen waren, allen Personen und Orten gemeinsam sein. Innozenz XI. hatte am 5. September 1686 diese Erlasse seiner Vorgänger bestätigt, und jenes Breve gilt als die erste Verleihung der eigentlichen Kreuzwegablässe[132], auch wenn vom Kreuzweg darin noch gar nicht die Rede ist. Kurze Zeit später gewährte Innozenz dem Franziskanerorden jedoch Ablässe für die Übung des betrachtenden Gebets beim Besuch der Leidensstationen, und so pflegten die Franziskaner die Kreuzwegandacht in besonderer Weise, und sie hüteten sie als Eigentum ihres Ordens. Die reichen Ablässe galten zwar vorerst nur für die dem Franziskanergeneral unterstellten Ordensleute und Bruderschaften, aber auch ohne die Ablässe faßte die Andacht allmählich überall festen Fuß.[133] Erst Benedikt XIII. machte die Ablässe am 3. März 1726 allen Gläubigen zugänglich, auch wenn sie ausschließlich an Kreuzwege geknüpft waren, die sich in Franziskanerkirchen befanden. Nun versäumte Leonhard von Porto Maurizio zwar nicht zu bemerken, daß ein Grad der Glorie mehr wert sei als viele Ablässe und daß der Hauptbeweggrund bei der Übung einer Andacht die Freude des Herzens Jesu sein müsse, nicht aber der Ablaß. Auf der anderen Seite wußte Leonhard jedoch recht gut, daß solch erhabene Beweggründe nicht von allen verstanden würden; er sagte ausdrücklich, die Kreuzwegandacht sei deshalb noch nicht im hinreichenden Grad verbreitet, weil die Ablässe zweifelhaft seien. So setzte er alles daran, diese Zweifel durch den Spruch der römischen Behörden zu heben.[134]

Nachdem in 1.2.3. geschildert wurde, wie der Franziskanerorden die Kreuzwegandacht in die Hand genommen, wie Benedikt XIII. die Ablässe allgemein zugänglich gemacht, und wie Leonhard von Porto Maurizio die letzten Schwierigkeiten beseitigt hat, ist der historische Überblick an dieser Stelle zu Ende. Wenn man die Geschichte weiter verfolgen würde, so müßte man jetzt bei den Franziskanerobservanten ansetzen, die den Kreuzweg so sehr bekannt machten, daß er eines Tages zur „Weltandacht"[135] wurde, doch diese Verbreitung im einzelnen nachzuzeichnen, wäre kaum möglich. Abschließend ist allerdings noch erwähnenswert, daß vom Wirken des Leonhard von Porto Maurizio an durch päpstliches Dekret die Errichtung von Kreuzwegen und deren Weihe für lange Zeit den General-, Provinzial- und Hausoberen des Franziskanerordens reserviert war. Diese konnten laut Kramer „innerhalb ihres Bezirks die Errichtung und Weihe im einzelnen Fall den ihnen unterstellten Priestern, die zum Predigen oder Beichthören approbiert sind, übertragen"[136]. Weitere Fakultäten konnten nur von den zuständigen römischen Behörden (Pönitenziare, Propaganda) gegeben werden, und für jede Kreuzwegerrichtung außerhalb der exemten Kirchen war wenigstens die mündliche Erlaubnis des Ortsordinarius einzuholen.[137] Erst mit Inkrafttreten des neuen Kirchenrechts (CIC) von 1983 bzw. mit dem Erscheinen des Rituale Romanum „De Benedictionibus" von 1984 wurden diese Privilegien und Einschränkungen aufgehoben.

Im nächsten Unterabschnitt soll nun der Frage nachgegangen werden, wie der Kreuzweg heutzutage von den Menschen aufgenommen wird, sei es in der Liturgie wie auch in der Kunst.

1.2.4. Die Rezeption des Kreuzwegs in heutiger Zeit

Seit dem 18. Jahrhundert ist es bereits Tradition, daß an den Innenwänden katholischer Gotteshäuser Kreuzwegtafeln angebracht werden, und diese Tradition hat sich so stark durchgesetzt, daß heute kaum noch katholische Kirchen zu finden sind, die keinen Kreuzweg besitzen. Die Stationen bestehen zumindest aus Holzkreuzen, in der Regel aber aus Tafelbildern, doch diese sind nicht vorgeschrieben: sie sind einzig und allein Meditationshilfen.[138] Wenn der Kreuzweg gebetet wird, was in den Pfarreien meist an den Freitagen der Fastenzeit bzw. am Karfreitag geschieht, so geht man den Weg, den Jesus vom Haus des Pilatus bis hin zum Kalvarienberg zurückgelegt hat, betend und betrachtend nach. Dabei ist wichtig, daß das Spezifikum dieser Gottesdienstform, nämlich die Fortbewegung, erhalten bleibt, denn die Kreuzwegandacht wird als eine Gebetsprozession verstanden.[139]

Oftmals wird in den Kreuzwegandachten der Pfarrgemeinden auf den Text zurückgegriffen, der im Gebet- und Gesangbuch „Gotteslob" unter der Nr. 775 zu finden ist. Dieser Kreuzwegtext ist seit der im Jahre 1975

Kreuzweggebet am 15. 9. 2000 auf dem Kreuzberg des Marienwallfahrtsortes Velbert-Neviges unter geistlicher Leitung von Weihbischof Prof. Dr. Reinhard Marx (Paderborn), P. Roland Bramkamp OFM (Neviges), Kaplan Sven Goldhammer (Much) und Rev. Fr. Joseph K. Otoo (Ghana)

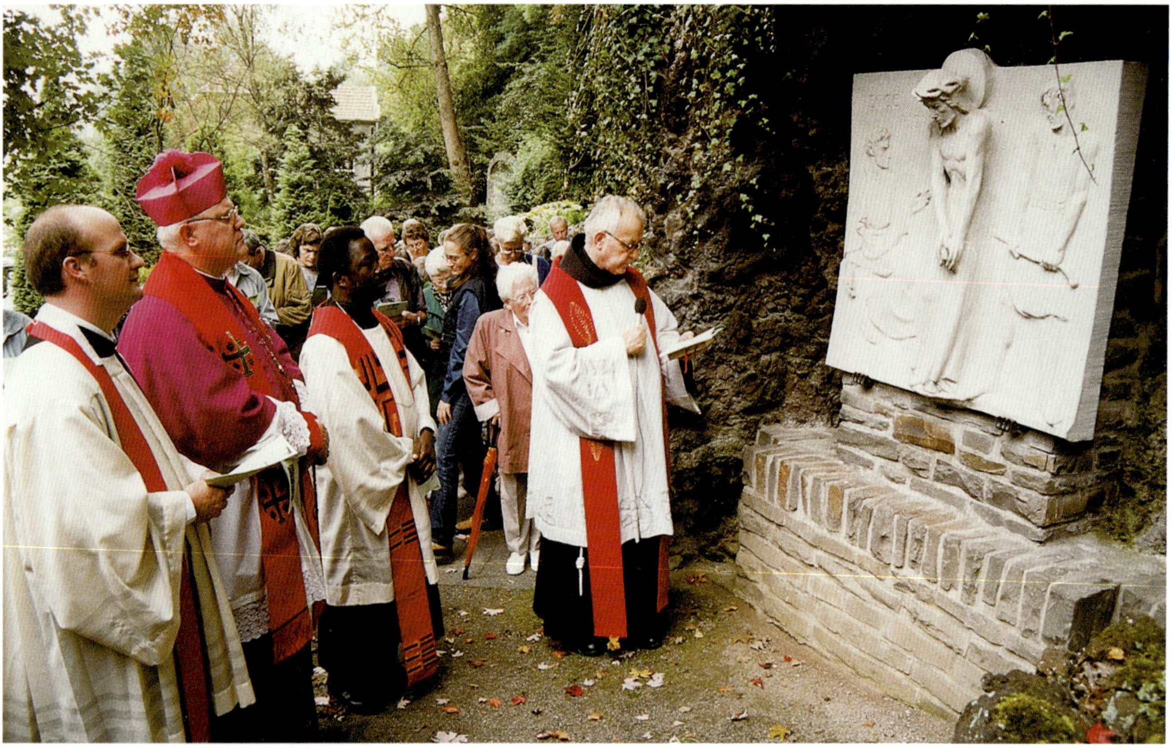

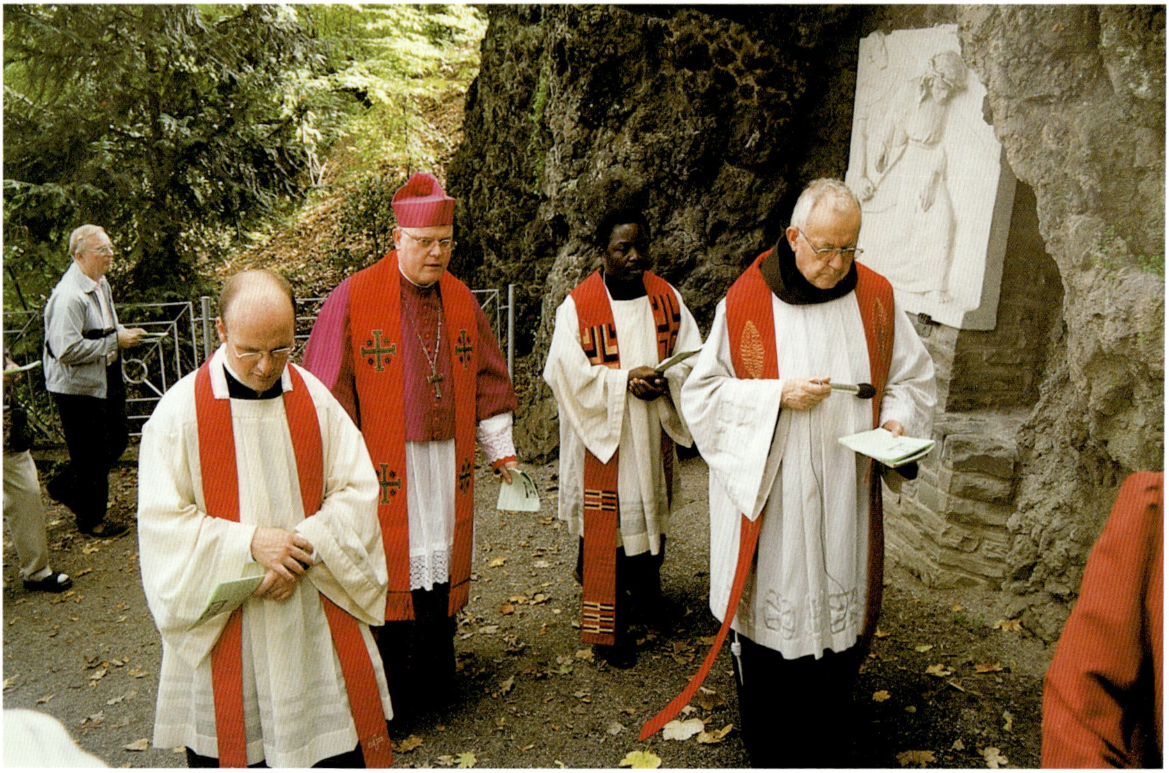

erschienenen ersten „Gotteslob"-Ausgabe unverändert geblieben. Zu jeder Station ist der Text folgendermaßen gegliedert:

1. Anfangsakklamation: „Wir beten dich an, Herr Jesus Christus, und preisen dich. / Denn durch dein heiliges Kreuz hast du die Welt erlöst."

2. Kurze Schilderung des Ereignisses der Kreuzwegstation

3. Psalmverse als Wechselgebet

4. Bedeutung und lebenspraktische Konsequenzen für den Menschen in heutiger Zeit

5. Anrufung Jesu im Hinblick auf die Station sowie Schlußakklamation: „Erbarme dich über uns und über die ganze Welt."

Diese im Gotteslob vorzufindenden Texte zum Kreuzweg sind nur ein Vorschlag. Von Rupert Berger stammt das folgende Zitat: „Man kann auch andere Texte vorlesen aus den vielen guten Vorlagen, die es gibt; die Gemeinde beteiligt sich dabei durch die Hinwendung zur Station, die verehrende Kniebeuge, die gewohnten Anfangs- und Schlußakklamationen und durch geeignete Lieder auf dem Weg zwischen den einzelnen Halten."[140] Was den Text aus dem „Gotteslob" betrifft, so muß man allerdings feststellen, daß ein derartiger Aufbau von Kreuzwegandachten eine sehr lange Tradition hat. Bereits im 1932 erschienenen „Sursum Corda", dem katholischen Gesang- und Gebetbuch des Erzbistums Paderborn ist, um nur ein Beispiel zu nennen, die Kreuzwegandacht nach fast demselben Schema aufgebaut[141]:

1. Anfangsakklamation: „Wir beten dich an, Herr Jesu Christe, und benedeien dich; / Denn durch dein heiliges Kreuz hast du die Welt erlöset."

2. Anregung zur Betrachtung der Station

3. Gebet, in dem die Verbindung zwischen Kreuzwegstation und Lebensführung der Menschen hergestellt wird

4. Vater unser, Ave Maria

5. Schlußakklamation: „Gekreuzigter Erlöser, / erbarme dich unser und der armen Seelen im Fegfeuer."

Vergleicht man den Aufbau der Kreuzwegtexte, so stellt man fest, daß die Akklamationen, die Vorstellung des Ereignisses der Station, die Verbindung zum menschlichen Alltag bzw. zur Lebensführung sowie ein kurzes Gebet bereits seit vielen Jahren übliche Elemente der Kreuzwegandacht sind. Der Kreuzweg kann inhaltlich auf alle möglichen Lebenssituationen bezogen werden, auch auf gesellschaftliche Problemfelder unserer heutigen Zeit. Ein gutes Beispiel für einen solchen Kreuzwegtext mit aktuellen Bezügen liefert die neue Ausgabe des Katholischen Gesangbuches der deutschsprachigen Schweiz, das im Jahre 1998 herausgegeben wurde. Dieses neue Gesangbuch bietet nicht, wie das „Gotteslob", allein eine Vorlage für die Gestaltung einer Kreuzwegandacht, sondern gleich zwei, was einerseits, sofern man die Kreuzwegtexte dem Gesangbuch entnimmt, die Möglichkeit zu variieren bietet, und was andererseits erfreulicherweise zeigt, daß der Kreuzweg keine „aussterbende" Andachtsform ist: ansonsten hätte man auf eine zweite Variante mit Sicherheit verzichtet.

Die erste und die zweite Variante des Kreuzwegtextes sind auch von ihrer Struktur her unterschiedlich. Der Aufbau der ersten Variante[142] ist der folgende:
1. Psalm-Zitat oder kurze Darstellung des Geschehens
2. Anfangsakklamation, die im Gegensatz zum Gotteslob auch die Auferstehung Jesu mit einschließt: „Wir beten dich an, Herr Jesus Christus, und preisen dich. / Denn durch dein Kreuz und die Auferstehung hast du die Welt erlöst.
3. Lebenspraktische Konsequenzen
4. Schlußakklamation: „Herr, erbarme dich. / Christus, erbarme dich. Herr, erbarme dich."

Um ein Beispiel für die Aktualität dieser Texte des Schweizerischen Gesangbuches zu nennen, sei von der 8. Station der 3. Punkt (lebenspraktische Konsequenzen) zitiert: „Jesus sagt den weinenden Frauen und uns: Mit dem, was an mir geschieht, müsst ihr fertig werden; denn was kommt, ist weit schlimmer: die Geschichte der sinnlosen Kriege, der brennenden Städte, der vergewaltigten Frauen, der Witwen und Waisen, der Flüchtlinge und der Vertriebenen."[143]

Die zweite Variante[144] ist wie folgt aufgebaut:
1. Bibelvers
2. Akklamation, in der ebenfalls der Auferstehungsgedanke sehr zum Tragen kommt: „Jesus Christus, du gehst durch Leiden und Tod. / Laß uns mit dir auferstehen."
3. Lebenspraktische Impulse oder Fragen
4. Fürbitten.

Um den Aktualitätsbezug zur heutigen Lebenswelt aufzuzeigen, sei auch hier ein Teil aus der 8. Station zitiert, und zwar die Punkte 3 und 4: „Wenn der Kindersegen ausbleibt oder wenn Kinder zur Last werden – was tun? Wozu Kinder? Zum Vergnügen? Zum Zeitvertreib? Zum Überleben?
Wir bitten: für jene Frauen und Mütter, die täglich misshandelt werden; für jene Männer und Väter, die in Alkohol und Gewalttätigkeit verstrickt sind; für die vielen Kinder, die kaum mehr Güte und Liebe kennen; für all jene, die Liebe und Güte durch Zucht und Ordnung ersetzen wollen."[145]

Menschenrechte, Verfolgung, Behinderte, Straffällige, Spannung zwischen Beruf und Muttersein, unerwartete Schwangerschaften, gescheiterte Ehen, Süchte, Verzweiflung, Selbstmord und vieles mehr sind aktuelle Themen unserer Zeit der Jahrtausendwende, die in diese zweite Textvariante zum Kreuzweggebet äußerst beispielhaft eingebunden worden sind.[146]

Nicht nur in den Texten der Liturgie, sondern auch in der Kunst ist der Kreuzweg stets dem Wandel der Zeit unterworfen. Betrachtet man Kreuzwege, die z.B. aus der Barockzeit stammen oder die im sogenannten Nazarenerstil gemalt worden sind, so stellt man eine große Treue zum Detail fest. Die Hauptfiguren der Stationen und vor allem auch die Hintergründe findet man auf solchen Bildtafeln noch äußerst naturalistisch, erzählend und ausschmückend dargestellt. Eine eigene Studie über den Wandel der Kreuzwegdarstellungen in der christlichen Kunst wäre sicher lohnenswert, aber an dieser Stelle soll nur ein kurzer Blick darauf geworfen werden, wie man in heutiger Zeit mit dem Kreuzweg in der Kunst umgeht.

Einer der ersten „modernen" deutschen Kreuzwege, der vor allem in den 50er Jahren viel Beachtung gefunden hat, befindet sich in der St. Ansgar-Kirche im Berliner Hansaviertel.[147] Die dortige, im Jahre 1957 von Prof. Peter Ludwig Kowalski geschaffene Kreuzweg-Wand, die aus 85 in secco fresco bemalten Putzbetonplatten mit einer Gesamtfläche von 160 qm besteht, unterstreicht durch das langsame Ansteigen der Stationen den qualvollen Weg des Welterlösers, aber Kowalski besitzt dabei noch eine große Liebe zum Detail. Da es für die Gestaltung von Kreuzwegstationen allerdings keine Vorschriften „außer denen der Wahrung allgemeiner Rücksichten"[148] gibt, wurden die verschiedenen Künstler im Laufe der Zeit immer freier, wenn sie die Geschehnisse der 14 Stationen abbildeten. Als Beispiele sollen drei deutsche Künstler genannt werden, die auf internationaler Ebene zu hohem Ansehen gelangt sind, und zwar Otto Herbert Hajek, Georg Meistermann und Joachim Klos. Die von diesen Künstlern gestalteten und hier nun vorgestellten Kreuzwege sind in ihrer Darstellung so abstrakt, daß sie sich nur erschließen lassen, wenn der Betrachter den Inhalt der 14 Kreuzwegstationen genau kennt – doch selbst wenn dieses der Fall ist, hat man ohne Anleitung noch große Schwierigkeiten, die Kunstwerke zu verstehen und zu deuten. Bei jedem dieser Kreuzwege lohnt es aber dennoch auf seine eigene Art und Weise, eine Interpretation zur Hand zu nehmen und sich von den Gedanken des Künstlers inspirieren zu lassen. Der Stuttgarter Maler und Bildhauer Prof. Otto Herbert Hajek (geb. 1927) gestaltete z. B. einen Kreuzweg für die Gedenkkirche Maria Regina Martyrum am Heckerdamm in Berlin-Charlottenburg, die Gedächtniskirche der deutschen Katholiken zu Ehren der Blutzeugen für Glaubens- und Gewissensfreiheit aus den Jahren 1933–1945. Der dortige sehr monumentale Kreuzweg aus Bronze befindet sich draußen im sogenannten Feierhof der Kirche, und die Stationen ziehen sich längs der rechten Mauer zu dem von der Kirche überspannten Freialtar hin, und sie zeigen am Modell des Weges Jesu, wie seine Jünger zu allen Zeiten einen Weg der Dunkelheit und Angefochtenheit, der Ohnmacht und der Verlassenheit gehen mußten.[149] Schwester Maria-Theresia Smith aus dem Karmel Maria Regina Martyrum schreibt über die Gestalten dieses Kreuzwegs: sie „sind eingebunden in den reich modellierten Grund, ohne sich zu verselbständigen. Auch da, wo sie der Deutung zugänglich sind, bleiben sie im Zeichenhaften, wozu besonders auch Kreuz und Dornenkrone zu zählen sind. So ist dieser Kreuzweg offen für die biblische und traditionelle Deutung, aber auch für seine Anwendung auf aktuelle Kreuzwege und Stationen des Leides. Er stellt insbesondere ein entfaltetes Gedenken an die Märtyrer dar, denen diese Kirche gewidmet ist."[150]

Auch der Kölner Maler Prof. Georg Meistermann (1911–1990) gestaltete abstrakte Kreuzwege, in denen er nur das Wesentlichste des Geschehens darzustellen beabsichtigte. Meistermanns Kreuzwege, die in Glasfenstern zu sehen sind, befinden sich in den Kirchen

St. Franziskus zu Mainz-Lerchenberg (1984–1986) und St. Mariä Himmelfahrt zu Ahaus (1987). Meistermann hat die einzelnen Geschehnisse nur symbolhaft angedeutet, um so den Beter anzuregen, selbst seine Vorstellung und Phantasie einzubringen. Bei der Einweihungsfeier des Kreuzwegs in Ahaus erklärte der Glasmaler: „Natürlich ist es kein Problem, einen stürzenden Christus naturalistischer darzustellen. (...) Natürlich ist es kein Problem, einen gestorbenen Christus am Kreuze darzustellen. (...) Wenn ich als Maler einen Kreuzweg darstellen soll, dann geht es mir um Bilder, die ein tieferes Anschauen ermöglichen. (...) Ich möchte auf das Bild Christi hinweisen, der seinen Kreuzweg gegangen ist, in dem er noch einmal ganz deutlich demonstriert hat, daß er Mensch war und nicht nur Gott, und daß er mit allen menschlichen Leiden vertraut ist."[151] So hat Georg Meistermann Meditationsbilder und keine Erzählbilder geschaffen.

Der dritte Künstler, der an dieser Stelle noch Erwähnung finden soll, ist der in Nettetal-Schaag lebende Grafiker und Glasgestalter Joachim Klos (geb. 1931 in Weida/Thüringen). Klos erwähnt häufig, daß ihn die Thematik des Kreuzwegs nie losgelassen hat, und er betont immer wieder, daß es die Pflicht einer jeden Künstlergeneration sei, den Kreuzweg mit ihren eigenen künstlerischen Mitteln zu gestalten. Eine gedankenlose Nachahmung von Darstellungen früherer Zeiten, meint Klos, sei von geringem künstlerischen oder religiösen Wert. Glasfenster-Kreuzwege von Joachim Klos sind u. a. im Provinzhaus der Vorsehungsschwestern zu Kevelaer, in der Arnold-Janssen-Kirche zu Goch und in der St. Heinrich-Kirche in Groß Reken zu finden, aber eines der beachtens-

Joachim Klos (geb. 1931): Kreuzweg-Konzept aus dem Jahre 1980

wertesten Werke dieses Künstlers, die im Zusammenhang mit dem Thema „Kreuzweg" stehen, ist sicherlich das Kreuzweg-Konzept aus dem Jahre 1980, eine symbolhafte, auf die notwendigsten Zeichen reduzierte Komposition als eine Möglichkeit für Kreuzweggestaltung in der Gegenwart. Es wird in der christlichen Kunst wohl kaum einen Kreuzweg geben, der noch abstrakter als dieses Konzept ausgeführt ist, aber dennoch geht davon eine ungeheure Faszination aus. Obwohl Joachim Klos das Geschehen des Kreuzwegs nur mit ganz wenigen Strichen skizziert, gelingt es ihm, den Betrachter die Inhalte der Stationen sofort erkennen zu lassen, sofern dieser mit der Kreuzweg-Thematik vertraut ist. Der Mensch als Linie bewegt sich jeweils im Quadrat, dem Zeichen für die Welt. Das Quadrat hält Joachim Klos für das „Ornament unserer Zeit", und die Benutzung rein geometrischer Formen, die mit Thorn Prikker begann, hat den Glasfenstern laut Klos zugestanden, eine Sprache von visueller Moderne anzunehmen. Es ist der Verdienst der „Deutschen Schule" – Klos ist einer ihrer führenden Vertreter – , daß sie Kirchenfenster vom großen Überfluß der vergangenen Jahrhunderte „befreit" hat. Im Kreuzweg-Konzept mit 15 Stationen aus dem Jahre 1980 hebt sich Jesus mit dem Kreuz in der Königsfarbe Rot bis zur Kreuzigung (12. Station) deutlich heraus. Danach erfolgt ein Wandel der Farbe zu Violett, der Farbe der Trauer und Verzweiflung, und zu Grün, d. h. Hoffnung gegen jede Hoffnung setzt sich durch, und neues Leben kündet sich an.

Die kurze Vorstellung der Kreuzwege von Hajek, Meistermann und Klos darf allerdings nicht zu der Annahme verleiten, daß man nun

Kevelaer/Niederrhein, kath. Pfarrkirche St. Antonius: Die ersten vier Kreuzwegstationen, gestaltet von Bert Gerresheim, Düsseldorf

in heutiger Zeit ausschließlich dazu neigt, Kreuzwege in derartigen abstrakten Formen zu gestalten. Es gibt genauso viele Künstler, die nach wie vor auf äußerst figürliche Darstellungen setzen, und die die aktuelle Lebenswelt in diese Darstellungen zum Teil mit einbeziehen. Besonders erwähnenswert sind in diesem Zusammenhang die sogenannten „Misereor-Kreuzwege": dazu zählt z. B. der Kreuzweg aus Lateinamerika[152], der im Jahre 1992 vorgestellt wurde, und der ein Werk des Menschenrechtlers, Künstlers und Friedensnobelpreisträgers Adolfo Pérez Esquivel ist. Seine Bilder zeigen den Weg des Leidens, den die lateinamerikanischen Völker gegangen sind und noch immer zu gehen haben. Die einzelnen Stationen erinnern an das harte Los, das vor allem den Kindern und Frauen, den Schwachen und Armen, den Indianern und Schwarzen auferlegt ist. Als zentrale Figur begleitet der leidende Christus der traditionellen lateinamerikanischen Volksfrömmigkeit diese Menschen auf ihrem Weg. Ebenfalls von Misereor wurde im Jahre 1995 ein Afrikanischer Kreuzweg von Azaria Mbatha[153] verbreitet, der in Linolschnitten Jesu Passion mit den Leiden, Nöten, Kämpfen und Hoffnungen des afrikanischen Kontinents und seiner Menschen heute verbindet. Auch ein namhafter deutscher Künstler, nämlich Pfarrer Sieger Köder aus Ellwangen, hat einen derartigen Misereor-Kreuzweg gestaltet, der im Jahre 1998 vorgestellt wurde, und dessen Originale sich in der St. Nikolaus-Kirche zu Bergisch-Gladbach-Bensberg befinden.[154] Nicht nur Köder, sondern auch andere renommierte deutsche Künstler, z. B. Bildhauer wie Helmut Lutz[155] aus Breisach oder Bert Gerresheim[156] aus Düsseldorf, haben in den 80er und 90er Jahren des 20. Jahrhunderts detailgetreue figürliche Kreuzwege geschaffen, wenn auch nicht für Misereor, aber mit gekonntem Einbezug der heutigen Lebenssituationen und Probleme des menschlichen Alltags (Lutz) bzw. mit Einbezug neuzeitlicher heiligmäßiger Menschen, die sich in die konkrete und sehr persönliche Nachfolge des Kreuzes heute haben hineinnehmen lassen (Gerresheim). Zum Abschluß dieses Unterabschnittes soll jedoch noch ein Bildhauer vorgestellt werden, der in der Fachwelt zwar so gut wie kaum bekannt ist, aber der dennoch einen höchst beeindruckenden Kreuzweg erstellt hat: es handelt sich um den Südtiroler Bildschnitzer Helmuth G. Piccolruaz (geb. 1948) aus St. Ulrich im Grödnertal und seinen Kreuzweg in der St. Ludwigskirche zu Ludwigshafen, der sicherlich zu den gewagtesten Kreuzwegdarstellungen überhaupt zählt. Der Pfarrer von St. Ludwig, Paul H. Langhäuser, äußert dazu: „Die Botschaft des Kreuzweges von St. Ludwig heißt: Der Mensch steht mit seinem Leid, mit seiner Schuld, mit seinem Ausgeliefertsein nicht allein da – gottverlassen. Der von Gott gekommene Jesus teilt unser Leid, nimmt Leid auf sich. Sein Leiden wird nicht historisch dokumentiert, sondern ‚übersetzt' in unser Zeitgeschehen."[157] In dieser Weise traut sich Piccolruaz z. B., in der 2. Station u. a. eine nackte Frau darzustellen, die einen Mann verführt: dabei geht es dem Künstler um das Leid der Käuflichkeit des Menschen. In der 6. Station wird Jesus im Rollstuhl sitzend abgebildet: hier will Piccolruaz den Veronika-Dienst in unsere Zeit hinein übertragen. In der 7. Station ist es nicht Jesus, sondern der Mensch, der fällt. Dargestellt ist ein vor Jesus stehender Punker mit Irokesenhaarschnitt und Ohrring, und dieser Figur liegen ein Cassettenrecorder, eine Drogenspritze sowie Tabletten in Durchdrückpackungen zu Füßen. Ähnliche aktuelle Bezüge sind in jeder Station zu finden. In diesem Kreuzweg gibt es Motive vom Computer bis zum Kernkraftwerk: sicher hat es vielen Menschen Probleme bereitet, sich damit

Seite 37: Ludwigshafen am Rhein, kath. Pfarrkirche St. Ludwig: 6. und 7. Station des Kreuzwegs von Helmuth G. Piccolruaz (geb. 1948)

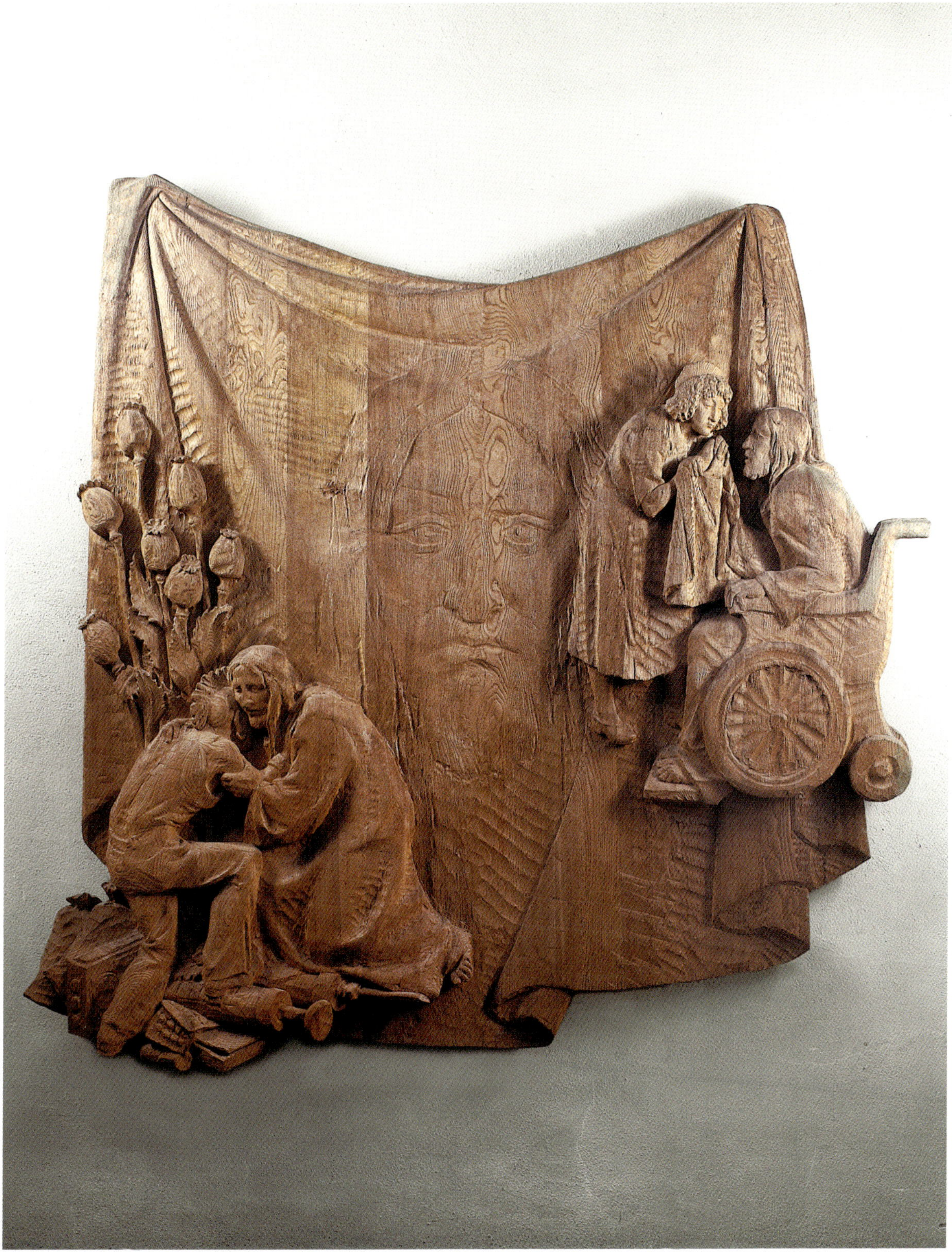

anzufreunden, aber dieser Ludwigshafener Kreuzweg ist das beste Beispiel dafür, daß die Zeit nie stehen bleibt, und daß sich die Liturgie wie die Kunst auch in der Gestaltung des Kreuzwegs den Zeichen der Zeit immer wieder neu stellen sollte.

Bei modernen Kreuzwegen, z. B. bei den erwähnten Darstellungen von Hajek, Meistermann und Klos, aber auch bei vielen anderen, ist es auffallend, daß sie nicht nur 14, sondern 15 Stationen beinhalten.

Mit einer derartigen 15. Station, die jeweils der Auferstehung Jesu gewidmet ist, versuchen Künstler unserer Zeit häufig, die 14 Stationen zu ergänzen und abzuschließen. Damit soll betont werden, daß das Erlösungswerk Christi nicht mit dem Kreuzestod vollendet ist. Jeder Künstler hat die Freiheit, den Auferstehungsgedanken als 15. Station zusätzlich einzubringen, aber zu der Frage, ob dieses sinnvoll ist, gibt es kontroverse Meinungen. Loe Maas sieht z. B. keine Probleme darin, den Kreuzweg durch eine Auferstehungsstation zu ergänzen[158], aber Rupert Berger ist demgegenüber anderer Ansicht[159]. Für Berger ist es wichtig, daß der österliche Charakter nicht in einer 15., sondern bereits in der 14. Station zum Tragen kommt, wie es der Text im „Gotteslob" versucht. Im neuen Katholischen Gesangbuch der deutschsprachigen Schweiz wurde ebenso verfahren, und mehrfach findet man auch in der modernen Kunst den Auferstehungsgedanken bereits in die 14. Station integriert: der Ludwigshafener Kreuzweg von Piccolruaz ist ein gelungenes Beispiel dafür.

Nachdem die Geschichte der Kreuzwegandacht von ihren Anfängen bis heute nun in Form einer ausführlichen Übersicht nachgezeichnet worden ist, soll das erste Kapitel an dieser Stelle beendet sein. Vom ersten zum zweiten Kapitel hin wird jetzt ein großer Bogen geschlagen, der vom Allgemeinen zum Besonderen führt, denn im folgenden soll ein ganz spezieller Kreuzweg detailliert vorgestellt werden, der erst vor wenigen Jahren errichtet worden ist, und der seitdem eine äußerst große Anziehungskraft besitzt, nämlich der Kreuzweg auf der Bergehalde des Bergwerks Prosper-Haniel zu Bottrop im Ruhrgebiet.

2. Der Kreuzweg auf der Bergehalde des Bergwerks Prosper-Haniel in Bottrop

2.1. Idee und Verwirklichung einer Kreuzwegerrichtung auf der Halde

Wenn nun im ersten Teil des zweiten Kapitels erläutert wird, wie inmitten des Ruhrgebiets die Idee aufgekommen ist, gerade auf einer Halde einen Kreuzweg zu errichten, so ist zunächst ein Überblick über die Lebenswelt, in der man sich bei der Beschäftigung mit dem Kreuzweg „Prosper-Haniel"[160] bewegt, sinnvoll: man hat es in Bottrop nämlich mit einer von Bergbau und Schwerindustrie geprägten Stadt zu tun, deren Geschichte und heutige Situation zunächst kurz skizziert werden soll.[161]

2.1.1. Kurzporträt der Bergbaustadt Bottrop und ihrer Zeche Prosper-Haniel

Mehr als 7000 vorgeschichtliche Funde[162] beweisen, daß sich im Bottroper Gebiet bereits in der Altsteinzeit Menschen aufgehalten haben. In geschichtlicher Zeit taucht ein Bottroper Hofname zuerst um 950 auf, und der Name „Borgthorpe" (= das Dorf auf dem Berge) für den Ort selbst kommt zum ersten Mal um 1150 im Heberegister der Abtei Werden vor. Ungefähr zu dieser Zeit gibt es auch schon eine Cyriakus-Kapelle. Neben dem Dorf entstanden noch zwei besondere „Häuser", und zwar im Jahre 1253 die Deutschordens-Kommende Welheim als erste in Westfalen, und etwas später die Knippenburg. Beide Gebäude sind seit dem Zweiten Weltkrieg nicht mehr vorhanden. Für 1432 ist in Bottrop am Michaelistag ein bedeutender Markt bezeugt. Später hatte der Ort in den nachreformatorischen Kriegswirren viel zu leiden; im Jahre 1598 wurden das Dorf und die Kommende in Brand gesetzt. Bis zur Aufhebung der geistlichen Fürstentümer im Jahre 1803 hatte Bottrop über 600 Jahre lang zum erzbischöflichen Kurköln gehört. Nach kurzer Dauer unter dem Herzog von Arenberg und im Herzogtum Berg kam es 1815 schließlich an Preußen. In der Folgezeit blühte Bottrop zu einer wohlhabenden Landgemeinde auf, die aber um 1850 erst 3200 Einwohner hatte.

Als im Jahre 1856 das Abteufen[163] der Zeche Prosper I begann, setzte in Bottrop die Entwicklung zur Bergbaustadt ein, die immer wieder neue Menschen anzog. Mit dem Bau fünf weiterer Schachtanlagen bis 1914 wuchs die Bevölkerung bis 1900 auf 25 000 und bis 1919 auf 73 000 Einwohner an. In den Jahren 1910–1916 baute man das monumentale Rathaus, aber erst 1919 erhielt Bottrop Stadtrechte und wurde kreisfrei. Im Jahre 1929 vergrößerte sich Bottrop im Süden um die Stadtteile Ebel und Vonderort.

Die Luftangriffe im Zweiten Weltkrieg, die vor allem den großen Industrie- und Verkehrsanlagen galten, fügten Bottrop argen

Schaden zu. Nach dem Krieg wurde im Jahre 1953 die 100 000-Einwohnerzahl überschritten. Im Jahre 1976 kam die ausgedehnte, ländlich strukturierte Gemeinde Kirchhellen als neuer Stadtbezirk zu Bottrop hinzu. Heute präsentiert sich Bottrop als Industriestadt mit großen Wäldern und ausgedehnten Grünflächen und zählt ca. 116 500 Einwohner.

Da die Schachtanlage Haniel und der Steinkohlenbergbau in Bottrop für den Haldenkreuzweg eine sehr bedeutende Rolle spielen, soll nun auf das Stadtporträt auch noch ein kurzer bergbaugeschichtlicher Abriß folgen.[164]

Die Entwicklung der Stadt Bottrop ist ohne den Steinkohlenbergbau überhaupt nicht denkbar. Nach ersten Bohrversuchen im Jahre 1840 begannen 1856, wie bereits erwähnt, die Teufarbeiten auf der Zeche Prosper I, und sieben Jahre später wurde dann mit 315 Arbeitskräften die Förderung aufgenommen. Danach entstanden in rascher Folge weitere Schachtanlagen. Gegen Ende des Ersten Weltkriegs wurden im Bottroper Raum auf sieben Zechen mit insgesamt 16 Schächten fast 4,5 Millionen Tonnen im Jahr gefördert, und dabei konnte der Bergbau seinen großen Bedarf an Arbeitskräften nur durch Anwerbung von auswärts decken. Vor allem aus Oberschlesien und Ostpreußen kamen Tausende von Bergleuten nach Bottrop.

Die Weltwirtschaftskrise der zwanziger Jahre führte zwar zu den ersten Zechenstilllegungen, aber nach dem Zweiten Weltkrieg erlebte der Bergbau in Bottrop seine Blütezeit. Acht selbständige Schachtanlagen förderten Mitte der sechziger Jahre über sechs Millionen Tonnen im Jahr, aber bereits kurze Zeit später löste das billige Erdöl eine große Absatzkrise aus. Bei der Gründung der Ruhrkohle AG im Jahre 1968 förderten in Bottrop als selbständige Schachtanlagen nur noch Prosper II, Prosper III/IV, Jacobi und Franz Haniel. Im Jahre 1974 kam es dann zur Gründung des Verbundbergwerks Prosper-Haniel, und die Kohleförderung wurde auf die beiden Schachtanlagen Prosper II und Prosper III konzentriert. Als nachgewiesen war, daß im Norden der Stadt Bottrop ein 38 qkm großes Kohlefeld mit über 400 Millionen Tonnen abbauwürdiger Vorräte ansteht, wurden zur Vorbereitung des Abbaus 1976–1981 der Schacht Prosper X abgeteuft und ab 1978 die 1000-m-Sohle[165] als neue Fördersohle aufgefahren. Schon im Jahre 1982 war der gesamte Kohleabbau in dieses Nordfeld verlagert, aber die gewonnenen Kohlen mußten über einen langen, komplizierten Förderweg unter Tage

Bottrop, Bergwerk Prosper-Haniel: Blick durch einen Gleitbogenausbau auf Förderturm und Kreuzweg-Halde

nach Süden zu den Schachtanlagen Prosper II und Prosper III transportiert werden. Durch den 1986 fertiggestellten Förderberg Prosper wird nunmehr die gesamte Förderung über ein 3653 m langes Förderband aus 780 m Tiefe direkt der Aufbereitung auf Prosper II zugeführt. Die dort anfallenden Waschberge[166] werden über dieses Band auch wieder in die Grube zurückgebracht, so daß die lästigen Bergetransporte durch die Straßen der Stadt entfallen. Das Bergwerk Prosper-Haniel, das heute bei einer Jahresförderung von 3,8 Millionen Tonnen liegt, ist mit rund 4500 Mitarbeitern der größte Arbeitgeber der Stadt Bottrop und eines von derzeit 15 leistungsstarken Bergwerken der Deutschen Steinkohle AG.

Um das Porträt der Stadt Bottrop abzurunden, soll auch noch ein ganz kurzer Blick auf das kirchliche Leben Bottrops geworfen werden, das sich bis 1150 zurückverfolgen läßt, also bis in das Jahr hinein, in dem ungefähr die erste Cyriakuskapelle entstanden ist, die als eine Vorläuferin der heutigen, 1862 erbauten Propsteikirche gilt. In der Reformationszeit blieb Bottrop katholisch, und nach der napoleonischen Zeit wurde die Kirchengemeinde 1821 vom Erzbistum Köln dem Bistum Münster zugeteilt. Im Zeitalter der Industrialisierung entstanden in kirchlicher Initiative und Trägerschaft die ersten Bildungs- und Sozialeinrichtungen der Stadt, und ab 1898 wurden zahlreiche Pfarreien von der Muttergemeinde abgepfarrt. Bereits sehr früh bekamen in Bottrop die katholischen Sozialverbände, z.B. der Knappen- und der Gesellenverein, Bedeutung für die arbeitende Bevölkerung in den Pfarreien. Die Kirchengemeinden haben u.a. auch sehr viel zur Beheimatung der Fremden beigetragen, die in Bottrop Arbeit und Brot suchten. Für die zuströmenden evangelischen Christen wurde im Jahre 1884 die Martinskirche am Pferdemarkt erbaut und damit die erste evangelische Gemeinde Bottrops gegründet.[167] Im Jahre 1916 wurde ein eigenes katholisches Dekanat gegründet, das seit 1958 zum neuerrichteten Bistum Essen gehört und das heute als „Stadtdekanat Bottrop" 18 Kirchengemeinden umfaßt. Es unterhält im katholischen Stadthaus zentrale Stellen, die sowohl für das kirchliche Leben als auch für den Dienst an den Bewohnern der Stadt wichtige Funktionen besitzen. Zur Stadt Bottrop zählen noch drei weitere Pfarreien im Stadtbezirk Kirchhellen, die nicht zum Bistum Essen, sondern zum Bistum Münster gehören.

2.1.2. Der Besuch von Papst Johannes Paul II. und das Spurlattenkreuz als Ausgangspunkte für den Haldenkreuzweg in Bottrop

Als einer der bedeutendsten Tage für das kirchliche Leben Bottrops ist gewiß der 2. Mai 1987 zu bezeichnen, an dem Papst Johannes Paul II. auf seiner Deutschlandreise die Revierstadt besuchte. In der Zeit vom 30. April bis zum 4. Mai 1987 hielt Johannes Paul II. in Köln, Münster, Kevelaer, Essen, Bottrop, Gelsenkirchen, Augsburg, München und Speyer Station, und herausragende Ereignisse dieser Papstreise waren die Seligsprechungen der Karmelitin Edith Stein sowie des Jesuiten Rupert Mayer.

Über den Papstbesuch im Ruhrgebiet schrieb der erste Bischof von Essen und spätere Kardinal Franz Hengsbach (1910 – 1991) am 15. Mai 1987 im nachhinein folgendes: „Der Besuch des Heiligen Vaters im Bistum Essen war für alle, die ihn direkt oder durch die Medien erleben konnten, ein einmaliges, zutiefst bewegendes Ereignis. Unvergeßlich ist vor allem die Begegnung mit ihm auf dem

Werksgelände der Zeche Prosper-Haniel in Bottrop, wo Papst Johannes Paul II. auf dem festlich geschmückten Podest vor dem Doppelbockgerüst des Förderturmes seine auch weit über den kirchlichen Bereich hinaus beachtete Rede hielt. In seiner Anwaltschaft für die Würde des arbeitenden Menschen hat Papst Johannes Paul II. grundlegende Perspektiven aufgezeigt und sich mit den Sorgen unserer Region überzeugend solidarisiert. (...) Auf dem Werksgelände der Zeche Prosper-Haniel waren Menschen aus den verschiedenen Bereichen der Arbeit, Industrie, Wirtschaft, Wissenschaft, Kultur und Politik versammelt. Sie alle verband die Sorge um die Zukunft und um die Lösung der sozialen und wirtschaftlichen Probleme des Ruhrgebietes. In dieser gemeinsamen Sorge und Verantwortung hat Papst Johannes Paul II. die Verantwortlichen bestärkt und ermutigt, besonders als er sagte: ‚Die Lebenskraft des Ruhrgebietes ist die Solidarität. Diese Kraft wird sich – davon bin ich überzeugt – auch in der augenblicklichen ernsten Situation des Ruhrgebietes bewähren.'"[168]

Der Besuch des Papstes ist an dieser Stelle nicht nur erwähnt worden, weil er ein herausragendes Ereignis für das Leben der Bottroper Katholiken gewesen ist, sondern vor allem, weil er den Ausgangspunkt für die Kreuzwegerrichtung auf der Halde Haniel bildete.

Die Geschichte des Kreuzwegs „Prosper-Haniel" fängt nämlich mit dem Bau des großen Holzkreuzes an, das heute oben auf der Halde steht, und das bereits von weither zu sehen ist. Selbst abends im Dunkeln, wenn das Haldenkreuz beleuchtet ist, gewinnt es die Aufmerksamkeit der vielen Autofahrer, die sich auf der A 2 zwischen dem Autobahnkreuz Oberhausen und der Abfahrt Bottrop

Blick über die vielbefahrene Autobahn A 2 auf das Bottroper Bergwerk Prosper-Haniel und die Kreuzweg-Halde

bewegen. Das Kreuz wurde im Jahre 1987 von Auszubildenden und Ausbildern der Zeche Prosper-Haniel angefertigt, und zwar war es zunächst für den Papstbesuch bestimmt, denn man war bestrebt, das Podest, auf dem der Heilige Vater sprechen sollte, durch ein großes, sichtbares Symbol zu ergänzen. Für das Kreuz kamen nur lange Holzstücke infrage, und so entschied man sich, um die Verbindung mit dem Leben der Bergarbeiter noch besonders hervorzuheben, für die Verwendung von Spurlatten, die ansonsten im Schacht zur Führung des Förderkorbes dienen. Am Karfreitag 1987 weihte Bischof Dr. Franz Hengsbach das nun aus Spurlatten der stillgelegten Schachtanlage Prosper II bestehende Kreuz im Rahmen einer kleinen Veranstaltung auf dem Zechenplatz vor dem Schacht ein, wo es dann auch nach dem Papstbesuch noch bis Ende des Jahres 1990 stehenblieb. Das Spurlattenkreuz, das durch den Papstbesuch bedingt inzwischen schon beinahe einen „Symbolwert" besaß, konnte man auf dem Zechenplatz wegen verschiedener Faktoren, die dort eine Rolle spielen, z. B. wegen des großen Betriebes, des ständigen Umbaus und der vielen Bewegung, auf die Dauer hin jedoch nicht stehenlassen. So wurde im Bergwerk, das zu dieser Zeit noch von Bergwerksdirektor Hanns Ketteler[169] geleitet wurde, darüber nachgedacht, das Kreuz auf die Halde hinauf zu stellen, und als er dieses Vorhaben mit den Vorständen der Bergbau AG Niederrhein[170] und der Ruhrkohle AG besprach, gab es keinerlei Gegenstimmen, so daß das Bergwerk Prosper-Haniel die Genehmigung zur Kreuzerrichtung auf der Halde erhielt und dieses Vorhaben nun fest ins Auge faßte. Auch der Essener Weihbischof Franz Grave zeigte dafür Begeisterung und nahm Kontakt zu den Stadtdekanaten Bottrop und Oberhausen auf, da das Bistum Essen nun jemanden suchte, der die „kirchliche Begleitung" für das Vorhaben übernahm: es sollte z. B. für Publikationen gesorgt werden, für die liturgische Vorbereitung der Feier zur Kreuzerrichtung etc.; schließlich einigte man sich, diese Form der Organisation dem Stadtdekanat Oberhausen zu übertragen, da die Pfarrgemeinde St. Barbara zu Oberhausen-Sterkrade-Königshardt am direktesten an die Halde grenzt. Der Pfarrer von St. Barbara und spätere Stadtdechant von Oberhausen, Emil Breithecker, nahm sich des Anliegens von Weihbischof Grave in bereitwilliger Weise an und nahm ersten Kontakt zu Bergwerksdirektor Hanns Ketteler auf. Daraufhin wurde ein Arbeitskreis gebildet, der sich aus Vertretern der Zeche Prosper-Haniel, aus Ruheständlern der Zeche sowie aus kirchlichen Vertretern der Stadtdekanate Bottrop und Oberhausen zusammensetzte, und in dessen Sitzungen man das zukünftige Vorgehen besprach.

Bevor nun die Schilderung des weiteren Geschehens folgt, ist es hier sinnvoll, einen kleinen Exkurs einzuschieben und den Begriff der Halde allgemein und anschließend die spezielle Beschaffenheit der Halde Haniel kurz zu erklären.

Im Bergbau gibt es zwei Arten von Halden, die unterschieden werden müssen, und zwar die Bergehalde und die Kohlenhalde.[171] Unter einer Bergehalde versteht man eine Aufschüttung von Bergematerial, die nachher begrünt und zu einem Landschaftsbauwerk gestaltet wird; als eine Kohlenhalde bezeichnet man demgegenüber eine Aufschüttung von Kohle, die wegen Absatzmangels oder als Reserve gelagert wird.

Bei der Bottroper Halde Haniel handelt es sich um eine Bergehalde, mit deren Aufhaldung man im Jahre 1963 begann. Die über den Förderberg zu Tage gebrachten Rohkohlen wurden am Standort Prosper II in der Aufbereitung von den Bergen (Steinen) getrennt.

Die abgeschiedenen Steine hat man dann auf dem Untergurt des Förderbergbandes untertägig zum Schacht 2 an den Standort Haniel über eine Gefäßförderung zu Tage gehoben und mit Schwerlastfahrzeugen auf Betriebsstraßen zur Bergehalde gefahren. Die zugelassene Haldenfläche liegt bei 106,0 Hektar, und die maximale Ausdehnung der Halde beträgt von Norden nach Süden 1900,0 Meter und von Westen nach Osten 800 Meter. Die zugelassene maximale Höhe über NN liegt bei + 160 Metern, und die z. Zt. höchste Aufschüttung über der Flur liegt bei 95 Metern. Im Jahre 1965 begann man mit der Rekultivierung der zum Betriebsgelände der Zeche Prosper-Haniel gehörenden Bergehalde: heute sind 45,5 Hektar bepflanzt, und die bekrautete Fläche liegt bei 10,6 Hektar. Inzwischen wachsen auf der Haniel-Halde über eine Million Bäume, darunter z.B. Bergahorn, Ebereschen, Kirschen, Pappeln, Roßkastanien und vieles mehr, und ferner wird auf der Halde, die zu einem wichtigen Lebensraum für Amphibien und Vögel aller Art geworden ist, auch dem Natur- und Artenschutz in besonderer Weise Rechnung getragen. Dies ist z. B. möglich durch die Anlage von Feucht- und Trockenbiotopen sowie durch die Schaffung von Flächen, die einer natürlichen Sukzession überlassen werden.

Nun aber wieder zurück zur Geschichte der Kreuzwegerrichtung: im Bergwerk Prosper-Haniel hatte man mittlerweile zwar beschlossen, das Kreuz oben auf der Halde aufzustellen, aber dieses war noch nicht unmittelbar zu realisieren, da die Halde noch nicht vollendet war. Es mußte erst noch so viel abgelagert werden, bis sie von ihrer Form her als abgeschlossenes Landschaftsbauwerk galt. Die Halde wurde dementsprechend also noch erweitert, und der westliche Teil war als erstes fertig gestaltet, so daß man für das Haldenkreuz im Jahre 1991 das Fundament legen und das Kreuz nach einigen Erneuerungsarbeiten kurze Zeit später aufstellen konnte. In Erinnerung an die „Ersteinweihung" wählte man nun wieder einen Karfreitag aus, um das Kreuz offiziell als „Gipfelkreuz" einzuweihen: diese Weihe nahmen Bischof Dr. Hubert Luthe, der Nachfolger von Kardinal Hengsbach, und Weihbischof Franz Grave am 17. 4. 1992 unter großer Anteilnahme der Bevölkerung in einem Wortgottesdienst vor. In seiner Predigt zur Kreuzerrichtung auf der Halde stellte Bischof Luthe die Frage, ob wir Menschen ein solches Zeichen auf dieser Halde brauchen, ob wir ein von weither sichtbares Kreuz brauchen und ob wir nicht schon genug Kreuze in unserem alltäglichen Leben haben. Daraufhin stellte der Bischof den Zuhörenden die Bedeutung des Kreuzes im menschlichen Leben vor Augen: „Wer sich nichts vormacht, muß es wahrnehmen: das Kreuz kann aus unserem Leben nicht weggeredet werden. Wir können es nicht übersehen – und vor allem: wir müssen es auch Tag für Tag selber tragen. (...) Das Kreuz prägt den Alltag der Menschen, die von ihren Sorgen um Kinder und Kranke geradezu aufgezehrt werden. Das Kreuz reicht in unsere Familien, die es schwer miteinander haben, oder zerstritten und getrennt sind. Ein schweres Kreuz haben die unheilbar Kranken und oft auch die alten Menschen zu tragen. Das Kreuz ist schmerzliche Wirklichkeit für alle, die Not leiden."[172] Bischof Luthe erwähnte das Kreuz weiterhin als Zeichen der Erlösung, aber auch als Zeichen der Solidarität, und der Begriff der Solidarität erlangte an diesem Tag eine ganz besondere Bedeutung: man hatte auf der Halde nämlich nicht nur ein Kreuz, sondern auch einen Altar aufgestellt, und der Sockel dieses Altars besteht aus einem Förderwagen, auf dem ein vergrößerter Abguß des sogenannten „Solidaritätstalers" angebracht worden ist. Dieser Taler war im Jahre 1985 überall im Bistum verkauft worden, um neue Ausbildungsplätze für junge Menschen schaffen zu

Bottrop, Halde Haniel: „Solidaritätstaler" von Tisa von der Schulenburg, angebracht am Altartisch (12. Kreuzwegstation), der aus einem Förderwagen besteht, und der den Zusammenhang zwischen dem Menschen, der Arbeit und der Wahrheit im Kreuz verkündet.

können. „Der Taler zeigt anschaulich, worum es solidarischen Menschen geht. Die Dorstener Künstlerin Tisa von der Schulenburg sieht sie so: Acht Bergleute vor der Fahrt in die Grube. Sie gehen zusammen in eine Richtung, entschlossen, Schulter an Schulter, gemeinsam. Sie stehen füreinander ein, einer für den anderen. Keiner fällt heraus, keiner bleibt abseits. So verschieden jeder von ihnen auch ist, etwas ist ihnen gemeinsam: Jeder ist Bergmann, wo er auch steht, jeder ist auf die Hilfe und Unterstützung des anderen angewiesen. Ein ausdrucksstarkes Bild der Solidarität ist mit diesem Taler gelungen."[173]

Auf der Halde standen zum Zeitpunkt der Kreuzerrichtung ferner nicht nur der Altar, sondern auch bereits einige Requisiten aus dem Bergbaualltag, auf die aber an späterer Stelle noch ausführlich eingegangen wird. Erst einmal soll der Frage nachgegangen werden, wie nun, als das Kreuz auf der Halde errichtet war, der Gedanke aufgekommen ist, dort ebenfalls einen Kreuzweg aufzustellen.[174]

Die Initiative, auf der Halde einen Kreuzweg zu errichten, ging von der Belegschaft des Bergwerks Prosper-Haniel, vor allem aber von Bergwerksdirektor Hanns Ketteler aus. Für Ketteler war es stets wichtig, den Gesichtspunkt „Arbeit und Kirche" bzw. die Verbindung des arbeitenden Menschen mit seinem Christsein zu betonen. Hanns Ketteler erinnert daran, daß ein Bergmann in früheren Zeiten meist ein durchaus gläubiger Mensch war, was z. B. in der besonderen Verehrung der hl. Barbara deutlich wird, die von den Bergleuten, die stets großen Gefahren ausgesetzt waren, als Schutzheilige angerufen wurde bzw. immer noch wird. Früher gehörte zu jeder Grube ein Bethaus, und Hanns Ketteler bedauert, daß die heutigen Bergleute mit derartigen Formen von Religiosität in der Regel nicht mehr verbunden sind. Ketteler fragt, ob die heutigen Christen nicht auch viel schuld daran seien, und es ist ihm nach wie vor daran gelegen, die Bergleute dazu zu bringen, wieder mehr in diesen Dingen zu sehen, was seiner Ansicht nach nur durch äußere Symbole möglich ist. Die Barbara-Feier gab es in Bottrop bereits seit alters her, doch sie war eher ein „weltliches Freudenfest". Hanns Ketteler ließ nun alte Traditionen wieder aufleben: Steiger[175] und Oberbeamte erhielten Bergkittel, so daß die Bergleute wieder eine Art Standesbewußtsein entwickeln sollten, aber Ketteler verhalf dem Bergwerk auch dazu, daß die Barbarafeier wieder mit religiösen Inhalten gefüllt wurde.

Im Jahr müssen vier Belegschaftsversammlungen gehalten werden, und die vierte findet jeweils am ersten Sonntag im Dezember zum Barbarafest statt. Die Barbarafeier, die jetzt auch mit ihrem religiösen Charakter von der Belegschaft gut angenommen wurde, hielt man zur Amtszeit Kettelers nun an verschiedenen Orten, z.B. in der großen Mischhalle auf Prosper II, in der Bottroper Stadthalle, wo sie auch heutzutage meist veranstaltet wird, aber auch schon unter Tage, und jeweils wurde ein geistlicher Leiter eingeladen, der der Feier vorstand, z.B. Bischof Hengsbach, Weihbischof Große, Weihbischof Grave oder auch Bischof Szendi aus der Bottroper Partnerstadt Veszprém. Für Hanns Ketteler war es in jedem Fall wichtig, daß der Kontakt zur Kirche hergestellt wurde, und dabei waren nicht zuletzt auch die Grubenwehr sowie die Feuer- und Rettungsmannschaft des Bergwerks sehr aktiv. Dieser gute Kontakt zur Essener Bistumsleitung führte nicht zuletzt auch dazu, daß man das Gelände des Bergwerks Prosper-Haniel für den Papstbesuch auswählte. Eines Tages hatte Hanns Ketteler dann die Idee, den Weg zum Kreuz auf der Halde in besonderer Weise zu gestalten, und Ketteler kam der Gedanke, daß man die Halde theoretisch mit einem Ölberg vergleichen könne, der aus dem Schweiß der dort arbeitenden Menschen entstanden ist, und nun lag es nahe, den Weg, der auf einen derartigen Ölberg führt, als Kreuzweg einzurichten. Hanns Ketteler erinnerte sich an seinen letzten Urlaub, den er in Züschen im Sauerland verbracht hatte, wo ein Kreuzweg mit 14 kleinen Häuschen einen Berg hinaufführt – und eine neue Idee für Bottrop war geboren.

Hanns Ketteler war der Auffassung, daß es dem Ruhrgebiet an einem geistigen Heimatgefühl fehle. Er vermißte außerhalb der Wallfahrtsorte wie Kevelaer, Neviges oder Bochum-Stiepel einen Anziehungspunkt religiöser Art für die Menschen des Reviers. Seiner Meinung nach fehlte ein Ort mitten im Ruhrgebiet, an dem man sich geistig bzw. geistlich getragen weiß. So wünschte sich der Bergwerksdirektor, daß in Bottrop eine Stätte eingerichtet werden sollte, die nicht wie viele andere Freizeitplätze dazu dient, daß sich der Mensch „bespaßen" kann, sondern die es ermöglicht, daß er still werden und sich besinnen kann, wenn er mit sich selbst ins Reine kommen möchte. Ein Kreuzweg schien Ketteler dafür am geeignetesten zu sein, und die Errichtung des Haldenkreuzwegs hält er heute noch symbolisch gesehen für bedeutend sinnvoller als die des 57 Meter hohen Stahltetraeders, der im Jahre 1993 auf der Bottroper Halde an der Beckstraße aufgestellt worden ist, um denjenigen, die ihn besteigen, einen weiten Rundblick über die Landschaft der Emscher-Region zu bieten.

2.1.3. Der Beginn der Realisierung

Der erste Schritt der Realisierung des geplanten Projektes bestand darin, daß sich der bereits erwähnte Arbeitskreis wiederum traf, und zwar öfter als früher, und auch in erweiterter Form. Zunächst kam die Frage auf, wen man als Künstler bzw. als Künstlerin mit der Gestaltung des Kreuzwegs beauftragen könne, und dabei dachte man recht bald an Tisa von der Schulenburg, die unter anderem auch den sogenannten „Solidaritätstaler" entworfen hatte. Tisa von der Schulenburg war damals bereits 87 Jahre alt, aber sie willigte ein, und bevor nun der weitere Verlauf der Entwicklung des Haldenkreuzwegs aufgezeigt wird, soll zunächst ein kurzes Porträt dieser außergewöhnlichen Künstlerin eingeschoben werden.[176]

Tisa wurde als Generalstochter Elisabeth Gräfin von der Schulenburg am 7. 12. 1903 in Tressow/Mecklenburg geboren, und nach langen Jahren künstlerischer Arbeit und journalistischer Tätigkeit lebt sie als Ordensfrau mit dem Namen ‚Schwester Paula' im Ursulinenkloster zu Dorsten/Westfalen. Sie ist die Schwester des 1944 hingerichteten Widerstandskämpfers Fritz-Dietlof (gen. Fritzi) Graf von der Schulenburg. Der ebenfalls hingerichtete Friedrich Werner Graf von der Schulenburg war ihr Onkel. Aufgewachsen in einer preußischen Offiziersfamilie, lernte sie die glanzvollen letzten Jahre des Kaiserreiches und sein Ende, die goldenen 20-er Jahre Berlins und das Elend der Weltwirtschaftskrise kennen. Tisa studierte Kunst in Berlin und Paris von 1925–1928, und sie war Schülerin von Edwin Scharff. Im Jahre 1928 heiratete sie den Juden Fritz Hess, dem sie 1934 ins Londoner Exil folgte. Dort fand sie Anregung und Förderung ihrer Kunst durch Henry Moore, und in ganz besonderer Weise lernte sie in England das Leben der Bergarbeiter kennen. In der schlimmsten Depression des englischen Bergbaus begann sie u.a. mit Arbeitslosen zu zeichnen und zu schnitzen. Im Jahre 1939 fuhr sie zu ihrem sterbenden Vater nach Deutschland, und die Engländer verweigerten ihr nach dem Staatsbegräbnis die Wiedereinreise. So kehrte sie verzweifelt nach Deutschland zurück, wo sie die Verschwörung gegen Adolf Hitler aus nächster Nähe durch ihren Bruder Fritzi erlebte, der 1944 gehängt wurde. Der Auflösung der Front folgte die Flucht in den Westen. Nach dem Scheitern der zweiten Ehe kam es zu einem völligen Zusammenbruch. Ihre Hilfe fand Tisa im Gebet und dann in der Freundschaft mit den Ursulinen in Dorsten, die vor dem Krieg mit Edith Stein befreundet gewesen waren. Tisa konvertierte und trat 1950 in das Kloster ein. Dort fand sie zu der „Freiheit", die sie immer gesucht hatte. Ihre Kunst konnte sie nach 12 Jahren Schulunterricht voll entfalten, was die zahlreichen Ausstellungen ihres grafischen Werkes und ihrer Arbeiten in Holz und Metall dokumentieren, die sich vor allem mit dem notleidenden Mitmenschen sowie mit der Welt der Bergarbeiter beschäftigen, und damit hatte sich Tisa nicht nur in England vertraut gemacht: als sie im Jahre 1947 als Korrespondentin für „Die Welt" in das Ruhrgebiet gekommen war, setzte sie sich auch dort mit dem Bergbau auseinander, indem sie auf einer Zeche wohnte und in viele benachbarte Gruben einfuhr, um ihr Wissen zu erweitern.

Als Tisa von der Schulenburg, an die im Laufe ihres Lebens sehr häufig der Auftrag gestellt worden war, einen Kreuzweg zu fertigen[177], nun von einigen Mitgliedern des Oberhausener bzw. Bottroper Arbeitskreises aufgesucht wurde, stellte sie gleich mehrere gezeichnete Kreuzwege zur Auswahl. Früher hat Tisa auch viele Kreuzwege geschnitzt, was ihr allerdings heute in ihrem hohen Alter nicht mehr möglich ist. Man entschied sich schließlich für einen Kreuzweg, den die Künstlerin vor einiger Zeit für eine Kirche in Münster gezeichnet hatte, und Herr Adolf Radecki, ein früherer Steiger von Prosper-Haniel, erklärte sich zusammen mit einigen pensionierten Bergleuten dazu bereit, die Motive auf Kupferplatten zu ätzen, die dann in die jeweils in Form eines Förderturms gestalteten Holzrahmen eingefügt werden sollten. Ferner war es noch beabsichtigt, Requisiten aus dem Bergbaualltag neben die einzelnen Stationen zu setzen, und diese Gegenstände mit den entsprechenden Stationen jeweils theologisch in Verbindung zu bringen. Das Team, das sich um Bergwerksdirektor Dr. Michael Eisenmenger[178], den Nachfolger Hanns Kettelers, gebildet hatte, schlug nun ca. 20 Symbole aus der Bergbautechnik vor, von denen der Arbeitskreis dann 15 Gegenstände auswählte. Die nächste anstehende Aufgabe war die, zu den jeweiligen Bildern auch Texte zu schreiben, und dessen nahm sich das theologische Gremium des Arbeitskreises, dem einige Pfarrer, aber auch Laien, z.B. KAB-Mitglieder, angehörten, in langen Sitzungen an. Die einzelnen Gremien arbeiteten jetzt also auch vielfach getrennt, doch ihre Treffen waren nach wie vor immer gemeinsam. Als Texte zum Kreuzweg wurden nun Auszüge aus Verlautbarungen des Papstes und des Konzils sowie Zitate der beiden Ruhrbischöfe Hengsbach und Luthe, aber auch Texte aus der praktischen Lebenserfahrung ausgewählt: lange wurde darüber abgestimmt und diskutiert, bis man sich endlich zufrieden gab, und zufrieden ist Pfarrer Emil Breithecker heute noch genauso sehr wie damals, wenn er sagt: „Wenn ich heute nochmals über die Auswahl der Texte zu entscheiden hätte, – ich würde nichts, aber auch gar nichts anders machen!"[179]

Erwähnenswert ist noch, daß alle diese Verlautbarungstexte auch auf bronzene Tafeln übertragen wurden, die man dann neben den einzelnen Stationen anbrachte. Die genaue Chronologie der Kreuzwegerrichtung verlief nun folgendermaßen: Von Januar bis April 1994 wurden die ersten zehn Stationen durch die Ausbildungswerkstatt des Bergwerks Prosper-Haniel umgesetzt und aufgebaut, und am 1. Mai 1994 fand anläßlich des von Bischof Luthe gefeierten Festgottesdienstes zum 90-jährigen Bestehen der KAB Westdeutschlands die erste offizielle Begehung des Kreuzwegs statt. Ab September 1994 wurden die Inhalte der restlichen fünf Kreuzwegstationen durch den Arbeitskreis festgelegt, und ab Oktober 1994 konnten diese fünf Stationen aufgestellt werden. Der Arbeitskreis bemühte sich ferner noch darum, zwei verschiedene Broschüren über den Haldenkreuzweg zu erstellen, die bis zum Tag der Einweihung vorliegen sollten, und zwar einen bebilderten Kreuzwegführer[180] sowie ein kleines Andachtsheft. Am 14. April (Karfreitag) des Jahres 1995 war der lang erwartete Tag dann gekommen, an dem der vollendete Kreuzweg durch den Bischof von Essen,

Dr. Hubert Luthe, feierlich eingeweiht werden konnte. Als der Bischof nun den Kreuzweg betete und jede Station einzeln segnete, folgte ihm eine so große Menschenmenge die Halde hinauf, daß die Teilnehmer unzählbar waren: ein Reporter der WAZ schätzte sie auf 7000, ein Reporter der Ruhr-Nachrichten dagegen sogar auf 12 000 Personen.[181] Nach der Einweihung hielt Bischof Luthe vor dem Spurlattenkreuz eine Predigt, in der er auf die Bedeutung des Haldenkreuzwegs für die Menschen der heutigen Zeit einging. Der Bischof fragte, ob man nicht gerade hier beim Beten des Kreuzwegs auf der Halde die Nähe Jesu am stärksten spüre, und ob man sich auf diesem Weg und vor diesen Bildern nicht am tiefsten von Jesus verstanden wisse, weil einem dort klar werde, was in Jes 53,4 geschrieben steht: „Er hat unsere Krankheit getragen und unsere Schmerzen auf sich geladen."[182] Bischof Luthe stellte fest: „Wir gehen seinen Kreuzweg, weil wir ihn hier bei uns wissen und uns bei ihm. Wir gehen seinen Kreuzweg, weil wir hier über den Abstand von fast zweitausend Jahren hinweg sein lebendiges Herz schlagen hören. Wir gehen seinen Kreuzweg, weil wir glauben: Hier begegnet uns nicht nur ein großer Mensch, sondern hier hat sich der große Gott für uns klein gemacht, weil wir uns nur so von ihm erreichen lassen. Hier schlägt im Herzen des Menschen Jesus für uns das Herz Gottes."[183]

2.2. Die 15 Stationen des Haldenkreuzwegs

Im folgenden sollen die 15 Stationen des Haldenkreuzwegs nun einzeln vorgestellt werden, d.h. zu jeder Station sollen der dazu ausgewählte Verlautbarungstext zitiert sowie die Verbindung zum jeweiligen Gegenstand aus dem Bergbaualltag hergestellt werden.

Tisa von der Schulenburg, Federzeichnung zur 1. Kreuzwegstation: Pilatus wäscht seine Hände

Die erste Station trägt den Titel „Pilatus wäscht seine Hände", und es wurde ihr ein Zitat von Bischof Dr. Franz Hengsbach vom 4. Oktober 1981 zugeordnet: „Die Kirche muß in ihrer Verkündigung und in ihrem Wirken unter allen Verhältnissen für die Würde, das Recht und die Freiheit des Menschen eintreten." – Nach einem langen Hin und Her „Kreuzigt ihn, kreuzigt ihn" wird an der Stelle der ersten Station das Urteil gesprochen, und der Leidensweg Jesu ist vorauszusehen. Als Symbol für den Aufschluß und das Ausrichten eines Bergwerkes im Untertagebetrieb und der Schaffung damit verbundener Arbeitsplätze ist neben der Graphik ein Teufkübel[184] aufgestellt worden. In dieser Station stehen sich Schuld und Hoffnung in gleicher Weise sichtbar gegenüber. Die Schuld im Händewaschen als Anfang einer Tragödie, und die Hoffnung im Teufkübel, die den Kumpels Arbeit und Brot verheißt. „Die I. Station sagt ihrem Betrachter: ‚Mache dich am Sterben des Reviers nicht mitschuldig!'"[185]

Tisa von der Schulenburg, Federzeichnung zur 2. Kreuzwegstation: Jesus nimmt sein Kreuz auf sich

Tisa von der Schulenburg, Federzeichnung zur 3. Kreuzwegstation: Erster Fall

An der zweiten Station (Jesus nimmt sein Kreuz auf sich) ist ein Zitat aus der Enzyklika Laborem Exercens aus dem Jahre 1980 angebracht: „Jede Arbeit, ob körperlich oder geistig, ist unvermeidlich mit Mühe verbunden. Diese, mit der Arbeit verbundene Mühsal, kennzeichnet den Weg des menschlichen Lebens auf Erden und stellt eine Ankündigung des Todes dar." – Jesus nimmt das Kreuz des Leidens, der Schmerzen sowie aller Mühen und Lasten jetzt auf sich, womit er ein Beispiel dafür gibt, wie man die Lasten seines Nächsten tragen kann und soll. Im offiziellen Kreuzwegführer „Bergwerk Prosper-Haniel" ist dieses folgendermaßen ausgedrückt: „Wie Christus mutig und ergeben sein schweres Kreuz auf sich nahm, so sollen auch wir vor unangenehmen Pflichten und allem, was uns Opfer abverlangt, nicht zurückschrecken. Ebenso sollten wir beherzt tragen, was Arbeit und Alltag uns an Härten und Beschwerden auferlegen."[186] Neben der zweiten Station steht ein Bergekasten[187], dessen Aufgabe es ist, die Last des Hangenden zu tragen, um den Bergleuten in ihrem Arbeitsbereich die entsprechende Sicherheit zu gewähren.

Für die dritte Station (Erster Fall) wurde ein Zitat aus dem Weltkatechismus der Katholischen Kirche, der im Jahre 1992 erschienen ist, ausgesucht: „Arbeitslosigkeit verletzt fast immer die Würde dessen, den sie trifft, und droht sein Leben aus dem Gleichgewicht zu bringen." – Jesus fällt hier zum ersten Mal unter der Last des Kreuzes zu Boden. In unserer Gesellschaft gibt es viele, die die ihnen aufgebürdeten Lasten nicht mehr tragen können, und daher ist von uns stets ein hilfreiches Entgegenkommen gefordert: die dritte Station soll dazu auffordern, auf die Bedürftigen zuzugehen und ihnen Vertrauen und Zuversicht entgegenzubringen. Der dort aufgestellte Gleitbogenausbau[188] will ein Symbol für Zuversicht und Sicherheit sein, – für alle Menschen, aber besonders auch für die Kumpels.

Tisa von der Schulenburg, Federzeichnung zur 4. Kreuzwegstation: Jesus begegnet seiner Mutter

Bei der vierten Station (Jesus begegnet seiner Mutter) wurde auf ein Wort Papst Johannes Pauls II. zurückgegriffen, das in 2.1.2. schon z.T. zitiert worden ist. Bei seinem Besuch in Bottrop sagte der Papst am 2. Mai 1987: „Die Lebenskraft des Ruhrgebietes ist die Solidarität. Bei aller geforderten Sachge-

Bottrop, Halde Haniel: 4. Kreuzwegstation: Nach der Vorlage der 15 Federzeichnungen Tisa von der Schulenburgs wurden die Stationsbilder von Adolf Radecki und seinen Mitarbeitern auf Kupferplatten geätzt

Bottrop, Halde Haniel: Pilgerinnen aus der Pfarrei Hl. Kreuz, Bocholt, bei einem Rundweg, hier an der 4. Kreuzwegstation

rechtigkeit muß stets die Achtung vor der unantastbaren Würde des Menschen bestimmend sein, nicht nur der einzelnen Arbeiter, sondern auch ihrer Familien, nicht nur den Menschen von heute, sondern der kommenden Generationen." – Jesus begegnet nun seiner Mutter, und diese Begegnung gleicht einer Gegenüberstellung von Verzweiflung und Hoffnung, die aus den flehenden Blicken Marias hervorgehen und die den Menschen von heute neue Kraft und Energie zur Erfüllung ihrer Lebensaufgaben geben sollen. Als Symbol neuer Kraft und Energie zum Schaffen steht hier ein gefüllter Förderwagen mit Steinkohle, die im 19. und 20. Jahrhundert die bedeutendste Rolle als Energieträger spielte und sie auch weiterhin spielen wird. Diese Station soll den Kumpels die Hoffnung auf eine stabile Zukunft und Erhaltung der Arbeitsplätze im Revier geben. Die vierte Station ermutigt die Bergleute und sagt: „Kumpel, gib die Hoffnung auf eine sichere Zukunft nicht auf!"[189]

Tisa von der Schulenburg, Federzeichnung zur 5. Kreuzwegstation: Simon von Cyrene

Für die fünfte Station (Simon von Cyrene) wurde nochmals ein der Bottroper Ansprache des Papstes entstammendes Wort ausgewählt: „Solidarität – das ist für die Bevölkerung des Ruhrgebietes kein Fremdwort! Verantwor-

Bottrop, Halde Haniel: Bocholter Pilgerinnen an der 5. Kreuzwegstation

52

tung füreinander und Verantwortung vor Gott ist hier durchaus noch gelebte und bewährte Wirklichkeit." – Simon von Cyrene hilft Jesus das Kreuz zu tragen. Auch heute sind die Lasten im Alltag oft unerträglich, und immer seltener bietet jemand denjenigen, die schwach sind, seine Hilfe an. Eine kurze vorübergehende Hilfe als Ausdruck der Verantwortung füreinander kann für Menschen, die in Not geraten sind, aufbauend und zuversichtsvoll sein. An der fünften Station stehen Stahlstempel mit Verbundkappen, die auch im Untertagebau dicht nebeneinander stehen und das Hangende abstützen. Daraus kann der Betrachter den Schluß ziehen, daß gebündelte Hilfe jeder Not und Gefahr erfolgreich entgegenwirken und widerstehen kann.

müssen. Ihm zu Hilfe kam Veronika und reichte ihm das Schweißtuch, das als Ausdruck entgegenkommender Hilfe, Anerkennung, Zuversicht und Geborgenheit zu bewerten war."[190] Neben der 6. Station ist auf der Halde ein Türstockausbau[191] zu sehen, der den Bergleuten stets Hoffnung sowie eine gewisse Sicherheitsgarantie gab, das Tageslicht wiederzusehen. Mit diesem Symbol soll ausgesagt werden, daß Hoffnung und Glaube Geborgenheit geben.

Tisa von der Schulenburg, Federzeichnung zur 7. Kreuzwegstation: Zweiter Fall

Tisa von der Schulenburg, Federzeichnung zur 6. Kreuzwegstation: Veronika hält das Schweißtuch

An der 6. Station (Veronika hält das Schweißtuch) ist ein Spruch von Bischof Dr. Franz Hengsbach aus dem Jahre 1983 angebracht: „Wir müssen nicht das Außergewöhnliche tun, aber das Gewöhnliche müssen wir außergewöhnlich tun." – Im Kreuzwegführer heißt es: „Der täglich erbrachte Aufwand, sei es im Berufsleben, in der Familie oder in der Ausbildung, führt zweifellos zur Erschöpfung. Jesus hat auf seinem letzten Weg diese Erfahrung machen

An der 7. Station (Zweiter Fall) trifft man wiederum auf ein Zitat aus der Bottroper Ansprache des Papstes: „Unverschuldete Arbeitslosigkeit wird zum gesellschaftlichen Skandal, wenn die zur Verfügung stehende Arbeit nicht gerecht verteilt und der Ertrag der Arbeit nicht dazu verwandt wird, neue Arbeit für möglichst alle zu schaffen." – Jesus fällt nun zum zweiten Mal unter dem Kreuz. Auch heute sind die Lasten des Alltags oft schwer zu ertragen und für viele Menschen kaum noch zu bewältigen, da sie dem Streß nicht mehr gewachsen sind. In ihren Anstrengungen um ihre Existenz können sie unter die Räder kommen. Beispielhaft ist hier eine unverschuldete Arbeitslosigkeit, die aber in einer sozial intakten Gesellschaft nur vorübergehend sein darf. Ein Wiederaufstieg in das normale Leben sollte jederzeit möglich sein.[192] Neben der 7. Station hat man eine Seilscheibe aufgestellt, die das Auf und Ab im menschlichen Leben symbolisieren soll. Die Bergleute werden mit ihrer Hilfe bei der Seilfahrt in die Grube zu ihrem Arbeitsplatz hinuntergelassen und nach getaner Arbeit wieder ans Tageslicht gebracht. Diese Station und das Symbol der Seilscheibe vermitteln dem Betrachter den Rhythmus des Alltags, und ferner mahnen sie zur Besonnenheit: „Seid wachsam, und laßt unsere Kumpel nicht in die Tiefe fallen."[193]

Tisa von der Schulenburg, Federzeichnung zur 8. Kreuzwegstation: Weinende Frauen

Bei der 8. Station (Weinende Frauen) findet man einen Ausspruch des zum Opfer der Nationalsozialisten gewordenen Bergmanns Nikolaus Groß: „Der Christ darf sich nicht

Bottrop, Halde Haniel: 7. Kreuzwegstation, symbolisch ergänzt durch eine Seilscheibe

54

gleichgültig verhalten gegenüber Zuständen im natürlichen Leben." – Jesus begegnet den weinenden Frauen, und so wie diese Frauen die Unschuld Jesu beteuern und seinen zweiten Fall empfinden, so nimmt man auch heute häufig die verschiedensten Unvollkommenheiten wahr, denen man persönlich begegnet oder über die man in den Medien erfährt. Die 8. Station mahnt aber dazu, nicht nur passiven Beistand, sondern aktive Hilfe zu leisten, da sich ein Christ gegenüber unerträglichen Zuständen nicht gleichgültig verhalten darf. Dieses soll auch der neben der Station stehende Fahrungswagen symbolisieren, der dazu dient, die Bergleute an die vom Schacht weit entfernten Arbeitsstellen zu befördern und somit deren schwere Arbeit erträglicher zu machen.

Tisa von der Schulenburg, Federzeichnung zur 9. Kreuzwegstation: Dritter Fall

Die 9. Station (Dritter Fall) wurde mit einem Wort von Bischof Dr. Franz Hengsbach aus dem Jahre 1987 verbunden: „Technischer Fortschritt und Umstrukturierung dürfen nicht auf den Rücken der Menschen

Bottrop, Halde Haniel: 8. Kreuzwegstation, symbolisch ergänzt durch einen Fahrungswagen

durchgeführt werden. Nicht der Mensch ist für die Wirtschaft da, die Wirtschaft ist für den Menschen da." – Jesus fällt nun zum dritten Mal: ihm fehlte einfach die Kraft, sein Schicksal und die Last des Kreuzes zu ertragen. Auch wenn wir heute in einer technisch fortschrittlichen Welt leben, so werden immer noch zahlreiche Menschen zu Opfern dieser Technik, und viele fallen in Not und Abhängigkeit. Die 9. Station wurde durch einen Förderkorb ergänzt, der im Bergbau zur Aufwärts- und Abwärtsbeförderung der Bergleute, der Kohle, der Berge und der benötigten Materialien dient. Viele Menschen benötigen heute den entsprechenden Beistand, sei es in Form von Zuwendung oder direkter Hilfe, um das Auf- und Abwärts in ihrem Leben bewältigen zu können, und die 9. Station möchte den Betrachter diesbezüglich zu Nächstenliebe und Hilfsbereitschaft aufrufen.

Tisa von der Schulenburg, Federzeichnung zur 10. Kreuzwegstation: Beraubung der Kleider

Die Verlautbarung zur 10. Station (Beraubung der Kleider) entstammt dem II. Vatikanischen Konzil, 1965, Die Kirche in der Welt

Bottrop, Halde Haniel: 9. Kreuzwegstation, symbolisch ergänzt durch einen Förderkorb

56

von heute: „Der Mensch ist mehr wert durch das, was er ist, als durch das, was er hat." – Jesus wird seiner Kleider beraubt, bevor er ans Kreuz genagelt wird. Ihm wird sein letztes Hab und Gut genommen. In den letzten Jahrzehnten bis hin in die heutige Zeit haben viele Menschen ihr Hab und Gut, und vielfach sogar ihr Leben verloren, wenn man z.B. an die vielen Kriegswirren und Vertreibungen denkt. Die Beraubung der Kleider ist eine symbolische Mahnung an alle, die sich fremdes Eigentum zunutze machen wollen, und sie erinnert somit an das 7. Gebot. Neben der Station liegen vier Felsgesteine aus dem Untertagebereich der Zeche Prosper-Haniel sowie ein Abbauhammer[194] in einem dieser Brocken. Sie verkörpern die schwer zu leistende Arbeit der Bergleute, und in der Station soll zum Ausdruck gebracht werden, daß heutzutage die Gemeinheit zu oft triumphiert. Daher rührt der Aufschrei der Kumpels: „Wir waren immer für euch da, steht jetzt zu uns!"[195]

heiß, daß sie Berge versetzen kann." – Jesus wird nun nach langer Demütigung, Folter und Qual an das Kreuz genagelt. Auch in der heutigen Zeit werden immer mehr Menschen „genagelt", wenn auch ohne Nägel: man denke z. B. an die massenhafte Arbeitslosigkeit, an die neuen Krankheiten unserer Zivilisation, an die vielen gescheiterten Ehen oder an die zerstörenden Machtkämpfe unter verschiedenen Völkergruppen. All das kann man nur in Liebe und Vertrauen zueinander, in Hoffnung füreinander und im Glauben aneinander verhindern, bewältigen oder überstehen. Die 11. Station ist durch einen mit „Nägeln", d. h. genauer gesägt mit Schrämmmeißeln bestückten Walzenkörper ergänzt worden, der zum mechanischen Abbau der Kohle aus dem Flöz eingesetzt wird. Dieses Symbol bringt zum Ausdruck, daß Dinge wie „Nägel" sowohl für Gutes als auch für Böses verwendet werden können, und es möchte dazu aufrufen, daß man das Böse bekämpfen und sich für das Gute einsetzen möge.

Tisa von der Schulenburg, Federzeichnung zur 11. Kreuzwegstation: Annagelung

Tisa von der Schulenburg, Federzeichnung zur 12. Kreuzwegstation: Kreuzigung

An der 11. Station (Annagelung) ist ein Zitat des Arbeitersekretärs und Opfers der Nationalsozialisten Gottfried Könzgen angebracht: „Unser Glaube aber ist stark, die Hoffnung groß und hoffentlich die Liebe so brennend

Für die 12. Station (Kreuzigung) ist ein Zitat aus der Predigt ausgewählt worden, die Bischof Luthe anläßlich der Kreuzerrichtung im Jahre 1992 gehalten hat: „Wer zu diesem Kreuz aufblickt, ist in seinem Leiden, in seiner Not, in seinen Ängsten nicht allein. Wer zu diesem Kreuz aufblickt, darf mit seinem Kreuz zu dem gehen, der selbst das Kreuz des Lebens kennengelernt, getragen und durchlitten hat." – Jesus stirbt am Kreuz, und das Kreuz ist im Laufe der Jahrhunderte zum Wahrzeichen des Christentums geworden. In heutiger Zeit bekennen sich allerdings immer weniger Menschen zum Kreuz, und man kann sich fragen, wo die Ursachen dafür zu suchen sind. Zu oft jedoch ist man dann allerdings dazu geneigt, die möglichen Gründe bei anderen, aber nicht bei sich selbst zu suchen. Das Symbol als Ergänzung zur 12. Station, der Förderwagen als Altartisch, verkündet den Zusammenhang zwischen dem Menschen, der Arbeit und der Wahrheit im Kreuz und sagt: Wie die Arbeit zum Menschen gehört, gehört auch die Suche nach der Wahrheit im Kreuz zum Menschen.[196]

Tisa von der Schulenburg, Federzeichnung zur 13. Kreuzwegstation: Beweinung

Bottrop, Halde Haniel: 12. Kreuzwegstation, symbolisch ergänzt durch das Spurlattenkreuz und den als Altartisch dienenden Förderwagen

An der 13. Station (Beweinung) findet man einen Ausspruch einer Mutter unserer Zeit: „Das einzige, was ich in meinem Leben für meine Familie noch tun kann, ist die Treue in den alltäglichen Dingen." – Josef von Arimathäa hat den Leib des Herrn voll Trauer und Ehrfurcht vom Kreuz herabgenommen und in den Schoß Mariens gelegt. Im Gedenken an alle verstorbenen Mitmenschen und verunglückten Bergleute steht unweit des Kreuzes auf der Bergehalde ein Denkmal aus Felsgestein. Ergänzt wurde die 13. Station durch ein Rinnenpärchen, auch Kettenförderer genannt, mit dem im Bergbau Kohle oder Gestein transportiert werden. Die Station mahnt den Betrachter, das Gute immer und überall zu bewahren und zu fördern.

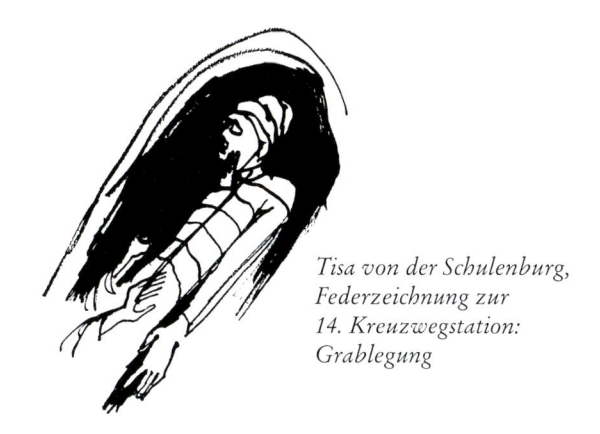

Tisa von der Schulenburg, Federzeichnung zur 14. Kreuzwegstation: Grablegung

Der 14. Station (Grablegung) wurde ein von Dietrich Bonhoeffer verfaßter Text zugeteilt, der vor allem als modernes Kirchenlied große Bekanntheit erlangt hat: „Von guten Mächten wunderbar geborgen, erwarten wir getrost,

Bottrop, Halde Haniel: 15. Kreuzwegstation, symbolisch ergänzt durch einen Greifarmlader

was kommen mag. Gott ist mit uns am Abend und am Morgen und ganz gewiß an jedem neuen Tag." – Der Leichnam Jesu wird in das Grab gelegt. Wie lang, schwer und qualvoll der vorausgehende Leidensweg Christi war, haben die Stationen des Kreuzwegs bis hierhin verdeutlicht. Viele Menschen, besonders aus der älteren Generation, können heute von ähnlichen durchlebten Kreuzwegen erzählen: von Auf- und Abstiegen wie Krankheiten, Erwerbslosigkeit, Trauer um einen nahen Verwandten oder von anderen Schicksalsschlägen. „Als Ergänzung zur XIV. Station steht eine Schildausbaueinheit[197], die vor Ort im Streb den Kumpels die nötige Sicherheit garantiert. Der Leitgedanke dieser Station beinhaltet zwei Parallelen. Die erste stellt den unentbehrlichen Sicherheitsstandard in den Vordergrund, die zweite erinnert uns durch die Worte: ‚gestorben und begraben', d. h. an die ewige Mahnung: ‚Memento mori!' (Gedenke des Todes)"[198].

Tisa von der Schulenburg, Federzeichnung zur 15. Kreuzwegstation: Auferstehung

An der 15. Station (Auferstehung) findet man gleich zwei Zitate: zum einen „... und er hat sein helles Licht bei der Nacht ..." aus dem altbekannten Bergmannslied „Glück auf, Glück auf, der Steiger kommt", und zum anderen einen letzten Auszug aus der Bottroper Ansprache von Papst Johannes Paul II. aus dem Jahre 1987: „Haltet das Licht des Lebens, das Licht Eures Glaubens, fest in

Bottrop, Halde Haniel: 14. Kreuzwegstation, symbolisch ergänzt durch einen Schildausbau

Herz und Hand! Dann braucht Ihr um das Morgen nicht zu bangen. Gott segne Euch! Glückauf." – Am dritten Tage ist Jesus von den Toten auferstanden. In der Graphik der 15. Station sieht man Jesus mit ausgebreiteten Armen, so daß seine Wunden zu sehen sind, die dem Betrachter sagen, daß alle Wunden heilbar sind, und daß kein Problem unlösbar ist. Der Auferstandene will sagen: „Fürchtet euch nicht. Ich bin es." Das Ziel aller menschlichen Hoffnung bleibt die Auferstehung – das Zurückgleiten in die Hand des Schöpfers, das Wiedergeborensein im Kreuz und in der Auferstehung Christi. Als Ergänzung zur 15. Station ist auf der Halde ein Greifarmlader aufgestellt worden, mit dem im Bergbau das beim Abteufen des Schachtes losgesprengte Gestein in den Teufkübel geladen wird. So sollte die letzte Station dieses außergewöhnlichen Kreuzwegs auf der Bergehalde, der im Zusammenhang mit der Arbeit der Bergleute steht, ihren Betrachter zum Nachdenken über das menschliche Ziel veranlassen.

Nachdem die 15 Stationen nun ausführlich vorgestellt worden sind, soll im nächsten Teil dieses Kapitels der Frage nachgegangen werden, wie der Haldenkreuzweg von der Öffentlichkeit aufgenommen worden ist.

2.3. Die Rezeption des Haldenkreuzwegs in der Öffentlichkeit

2.3.1. Die Entstehung einer „Karfreitagstradition"

Nachdem Bischof Dr. Hubert Luthe den Kreuzweg am Karfreitag 1995 eingeweiht hatte, zeigte er sich von der Anlage der Stationen auf der Halde so begeistert und von der großen Beteiligung der Gläubigen so beeindruckt, daß er beschloß, den Kreuzweg von nun an, so lange er Bischof von Essen sei, an jedem Karfreitag um 10.00 Uhr mit der Öffentlichkeit zu gehen, und das bei jedem Wetter. Bischof Luthe hielt auch Wort, und in

Bottrop, Halde Haniel: Eröffnung der Kreuzwegandacht am Karfreitag 2000 durch den Bischof von Essen, Dr. Hubert Luthe

Bottrop, Halde Haniel: Kreuzweggebet am Karfreitag 2000, hier an der 8. Station mit Blick auf die Oberhausener Stadtteile Osterfeld-Tackenberg und -Klosterhardt

Bottrop, Halde Haniel: Kreuzweggebet am Karfreitag 2000. V. l. n. r.: Weihbischof Franz Vorrath, Bischof Dr. Hubert Luthe und Stadtdechant Emil Breithecker

jedem Jahr zogen 5000 oder auch noch mehr Menschen gemeinsam mit ihm die Halde hinauf. Als Bischof Luthe den Kreuzweg im Jahre 1996 zum zweiten Mal ging, sagte er in seiner anschließenden Predigt, daß „wir spüren, daß dieser Weg uns, so verschieden wir auch sind, auf deutliche Weise verbindet"[199], und als der Bischof den Kreuzweg auf der Halde im Jahre 1998 zum vierten Mal betete, ging er sogar soweit, daß er den Platz vor dem Spurlattenkreuz bereits als Wallfahrtsort bezeichnete: „Dieser Platz auf der Halde über der Schachtanlage Haniel ist ein Wallfahrtsort geworden. Nicht nur für die Karfreitage. Auch das Jahr über treffe ich hier Menschen, die den Kreuzweg gehen, die schauen, die beten: allein, zu zweit oder zu dritt, in kleinen und in größeren Gruppen. Aber dieser Wallfahrtsort ist anders als die anderen: nicht abseits unserer Wohnungen, unserer Arbeitsplätze und Freizeitstätten, nein, mittendrin! Nicht mit einer großen Kirche und festlichen Gottesdiensten, nein, unter freiem Himmel, dem Wind, dem Regen und der Sonne ausgesetzt, für die, die im Alltag hierher kommen! Nicht mit Gasthäusern und Andenkenständen, nein, wie jeder kommt, so geht er auch!"[200] Aber ob diejenigen, die den Kreuzweg gebetet haben, wirklich genauso nach Hause gehen, wie sie gekommen sind – führte der Bischof weiter aus –, liegt letzlich an ihnen selbst.

Die Vorbereitung des jährlichen Karfreitagskreuzwegs beginnt jeweils im Januar, wenn Pfarrer Emil Breithecker die für die Organisation sowie für die theologische

Bottrop, Halde Haniel am Karfreitag 2000: Tausende Gläubige ziehen die Halde hinauf, hier vorbei an der 3. Kreuzwegstation

Durchführung Verantwortlichen zu einem „Arbeitsessen" einlädt, zu dem bereits eine „Checkliste" mitgebracht wird, um sicher zu gehen, daß man bei der Vorbereitung des Kreuzwegs nichts vergißt: vom Lautsprecher bis zum Blumenschmuck wird abgeklärt, ob sich die entsprechenden Dinge im Vorjahr bewährt haben, oder ob an der einen oder anderen Stelle etwas geändert werden sollte. Was die liturgische Gestaltung des Karfreitagskreuzwegs betrifft, so zeigt sich Pfarrer Breithecker, der sich um die gesamte Koordination bemüht, allerdings nicht verantwortlich, denn um Norbert Ghesla, den Pfarrer der Herz-Jesu-Kirchengemeinde zu Oberhausen-Sterkrade, hat sich ein eigenes Team gebildet, das die Kreuzwegandacht in jedem Jahr anders gestaltet. Bis auf das Schlußlied „Von guten Mächten ..." werden immer wieder neue Lieder und Texte ausgewählt oder zum Teil auch selbst angefertigt, und auch Bischof Luthe, der die Inhalte der Stationsgebete mit großer Aufmerksamkeit verfolgt, bringt manchmal Impulse für die liturgische Gestaltung des Karfreitagskreuzwegs mit ein. Während des Kreuzwegs betet der Bischof an den einzelnen Stationen allerdings nicht selbst vor, da dieses aufgrund der Steigung der Halde sehr anstrengend wäre, aber vor allem, da es die Technik nicht zuließe. Es wäre nämlich nicht möglich, die Gebete des Bischofs von jeder Station aus so zu übertragen, daß man sie überall auf der Halde verstehen könnte. Um dieses zu garantieren, ist ein standfestes Mikrofon notwendig, das an einem oben auf der Halde stehenden Übertragungswagen von einer eigens für die Lautsprecheranlage beauftragten Firma installiert ist.

2.3.2. Allgemeine Reaktionen auf den Haldenkreuzweg

Nachdem in 2.3.1. geschildert wurde, wie auf der Halde Haniel die „Karfreitagstradition" entstanden ist, soll nun noch ein Blick darauf gerichtet werden, wie der Kreuzweg allgemein von der Bevölkerung aufgenommen worden ist. Dabei sollen Reaktionen von Privatpersonen wie auch der Medien Beachtung finden.

Wie bereits aus der Karfreitagspredigt Bischof Luthes von 1998 hervorging, wird der Haldenkreuzweg das ganze Jahr über von vielen einzelnen Menschen, aber auch von zahlreichen Gruppen besucht, die nicht nur aus dem Bistum Essen, sondern ebenfalls aus den Nachbardiözesen Münster, Köln, Paderborn und Aachen anreisen. Viele Pfarreien melden sich vor ihrem Besuch im Pfarramt von St. Barbara an, da sie nach dem Gang des Kreuzwegs eine Picknickmöglichkeit oder ähnliches suchen, wofür Pfarrer Breithecker sein Pfarrheim jeweils gern zur Verfügung stellt. Auch die Gemeindemitglieder von St. Barbara in Königshardt selbst sind sehr um den Kreuzweg auf der Halde bemüht: sollte es einmal zu Verunreinigungen oder zu mutwilligen Beschädigungen gekommen sein, was sich bislang allerdings sehr in Grenzen gehalten hat, so werden derartige Vorfälle von aufmerksamen Beobachtern unmittelbar im Pfarrbüro gemeldet.

Was die Medien anbetrifft, so berichteten das WDR-Fernsehen sowie der Rundfunk über die Einweihung des Kreuzwegs. In Reiseführern des Ruhrgebietes findet man den Haldenkreuzweg bisher noch nicht erwähnt, aber dieses wird sich bald ändern, denn eine Vorbesprechung mit Pfarrer Breithecker hat bereits stattgefunden. Der von der Stadt

Bottrop, Halde Haniel am Karfreitag 2000: Große Scharen von Menschen scheuen den steilen Weg in keiner Hinsicht

Bottrop herausgegebene Prospekt „Freizeit in Bottrop"²⁰¹ stellt den Kreuzweg allerdings schon vor, und in absehbarer Zeit wird auch in Oberhausen ein Projekt realisiert werden, das den Haldenkreuzweg in ganz besonderer Weise integriert: nämlich der Radwanderweg „Von Kreuz zu Kreuz". Er beginnt an der Marienkirche zu Alt-Oberhausen, in der das bedeutende Altarkreuz von Toni Zenz zu sehen ist, und führt von dort aus zum im Einkaufszentrum CentrO gelegenen ökumenischen Kirchenzentrum. Weiter verläuft die Route zum 1999 anläßlich der Landesgartenschau OLGA erbauten Haus der Kirchen, und kurz vor Osterfeld wird der Weg schließlich geteilt: westlich führt er zur Propsteikirche St. Clemens nach Sterkrade, die das Gnadenbild der Mutter vom Guten Rat beherbergt, und östlich führt er zur Propstei-

kirche St. Pankratius nach Osterfeld. Von beiden Kirchen aus verläuft der weitere Weg jeweils zur Halde Haniel hin, so daß die gesamte Wegstrecke die Form eines Kreuzes bildet.

Da im Laufe der letzten Jahre das Internet zu einer neuen Art der Informationsbeschaffung geworden ist, von der Jung und Alt immer häufiger Gebrauch machen, hat man bereits auch verschiedene Seiten über den Haldenkreuzweg in diesen Zusammenschluß der vielen einzelnen Computernetze gesetzt, so daß entsprechende Informationen nun auch weltweit abrufbar sind. Wer sich unter der Adresse www.bistum-essen.de die Homepage des Bistums Essen anschaut, dem ist es möglich, sich über diverse „Links" zu Websites verbinden zu lassen, auf denen der Kreuzweg Prosper-Haniel vorgestellt wird: z.B. auf der Internetseite der Kath. Stadtkirche Bottrop[202] oder auf der Seite der Kath. Stadtkirche Oberhausen, über die man den kleinen bebilderten Kreuzwegführer sogar per e-mail bestellen kann. In einer Internet-Terminvorschau lädt das Bistum Essen zur Teilnahme am Karfreitagskreuzweg auf die Halde ein, und wenn man durch weitere Mausklicks auf die Homepages diverser Kirchengemeinden des Bistums gelangt, so findet man ebenfalls Hinweise auf den Haldenkreuzweg bzw. Ankündigungen von Fahrten der einzelnen Pfarreien dorthin. Vor allem die St. Ludgerus-Gemeinde in Bochum-Langendreer sei als Beispiel hierfür genannt.

Der Haldenkreuzweg ist ferner bereits durch zahlreiche Ausstellungen bekannt gemacht worden. Die KAB von St. Barbara hat die einzelnen Stationen dafür fotografieren lassen und diese Fotos dann in gerahmter Form als Wanderausstellung zur Verfügung gestellt, die inzwischen in verschiedenen Pfarreien, in der Oberhausener Stadtsparkasse, auf der Landesgartenschau im Haus der Kirchen sowie auch in einigen Altenheimen zu sehen war.

Mittlerweile ist auf der Halde nicht nur das Kreuzweggebet am Karfreitag zu einer Tradition geworden, sondern auch die Hl. Messe, die jeweils am 14. September zum Fest der Kreuzerhöhung vor dem Spurlattenkreuz gefeiert wird. Diese Meßfeier wird von der Pfarrei St. Barbara organisiert, aber auch andere Kirchengemeinden nehmen ständig daran teil. Im Vorhergehenden ist es bereits an sehr vielen Stellen deutlich geworden, daß sich Pfarrer Emil Breithecker sowie die Mitglieder seiner Pfarrei St. Barbara sehr intensiv um den Kreuzweg „Prosper-Haniel" bemühen. Unter den Gemeindemitgliedern sei an dieser Stelle allerdings ein Mann besonders hervorgehoben, der mit dem Haldenkreuzweg höchstwahrscheinlich wie kein anderer vertraut ist, nämlich Herr Franz Dittmann.

Der Bergbauingenieur Franz Dittmann kam mit seiner Familie im Jahre 1983 aus Oberschlesien, wo er 24 Jahre unter Tage gearbeitet hatte, nach Oberhausen, und bis 1990 war er noch in der Stabsstelle von Prosper-Haniel beschäftigt. Franz Dittmann trat in Königshardt der KAB bei, und von Anfang an pflegte er eine ganz besondere Liebe zum Kreuzweg auf der Halde. Franz Dittmann verfaßte Texte zum Haldenkreuzweg, und ferner erstellte er eine eigene Kreuzweg-Dokumentation, die er in privaten Kreisen anbot, sowie einen Kreuzweg-Kalender, der in einer Auflage von 2 000 Exemplaren erschien, und der über die KAB, den Krankenbruderdienst[203], über die kath. Stadthäuser in Bottrop und Oberhausen, über Pfarreien sowie auch auf der Halde selbst verkauft wurde. Vor allem aber schrieb Franz Dittmann zwei Gedichte, die sich mit dem Haldenkreuzweg befassen, und die im folgenden nun vorgestellt werden sollen. Sofort nach der Einweihung des Kreuzwegs im Jahre 1995 entstanden die Verse „Das Kreuz auf der Halde", und gegen Ende des Jahres 1995 verfaßte Franz Dittmann noch ein zweites Gedicht, das in bezug auf die Symbole der 10. und 11. Kreuzwegstation den Titel „Von der Picke zur Walze" trägt, und in dem der technische Fortschritt im Bergbau zum Ausdruck gebracht wird.

Bottrop, Halde Haniel: Haldenplateau mit Spurlattenkreuz und Blick auf die Stadtsilhouette von Oberhausen

Franz Dittmann:

DAS KREUZ AUF DER HALDE

Auf dem Venn im Fernewald
entstand die Halde aus Bergen,
aus Bergen mit Schweiß der Kumpels durchtränkt
und bei Nacht in der Teufe dem Felsen entrissen.

Immer weiter und tiefer,
nach Kohle gesucht
und so Generationen
dem Leben einen Sinn gegeben.

Die Kohle den Menschen,
den Kumpels die Knete.
Wohin mit den Bergen?
Die Berge, die Berge bei Seite.

So bedeckte man Felder,
Wiesen und Wälder.
Es entstand die Halde,
es verschwand das Land.

Die Bauern schrien mit Schrecken:
„Nicht weiter ins Land,
nicht unsere Felder mit Bergen bedecken.
Was aus der Teufe an die Erde gezogen,
kann bleiben auf Erden, aber zu Bergen werden."

So wurde aus Bergen, aus der Teufe geborgen,
das Eiland der Kumpels, für die andern die Sorgen.

Immer weiter
die Räder sich drehten,
liefen die Bänder,
rollten die Züge.

Die Kohle den Ländern,
den Kumpels die Knete.
Die Berge, die Berge bei Seite.

So entstanden die Halden
nicht nur am Bergwerksrande,
auch weit in der Flur,
im ganzen Lande.

Die Bergleut wie eifrig sie sind,
nicht nur vor Ort und im Reigen,
sie machten aus der Halde geschwind,
ein Stück Land zum Spazieren, zum Steigen.

Sie bepflanzten und begrünten die Hänge
mit Pappeln, Rosen und Holunder.
Sie schufen Wege statt Gänge,
ja, ein Stück Land wie ein Wunder.

Gekrönt ist dieses Stück Land
mit einem Kreuz, hoch oben, am südlichen Hang,
gezimmert aus Spurlatten mit Bergmannshand,
und strahlt des Kumpels Stolz, weit ins Land.
Der Weg zum Kreuz auf der Halde,
über die Brücke hinauf,
ist bestückt mit Rosen und Dornen zuhauf.

Auch Geräte der Kumpels,
beim Kreuzweg aus Tisas Hand
und vom Meister Radecki in Kupfer gebrannt,
fehlen hier nicht.
Sie stehen als Ergänzung
nicht nur bei Pilatus-Gericht,
ja, bis hin zu Auferstehung
bei jeder Station,
wahrlich, eine mentale Wiederholung
der Christus-Passion.

Nicht zuletzt, auch der Toten gedacht,
deren Leben in der Teufe geblieben,
steht oben ein Felsen,
aus dem Stollen gebracht
und mit der Inschrift
„Unseren Verunglückten zum Gedenken" beschrieben.

Bottrop, Halde Haniel: „Von der Picke zur Walze": Blick von der 10. zur 11. Kreuzwegstation und zum Spurlattenkreuz

Franz Dittmann:

VON DER PICKE ZUR WALZE

In Millionen Jahren
die Zeit aus Wäldern die Kohle gebar,
derweil, in der Erde tief unten,
Sand und Geröll zu Gestein erstarr.

So ruhte im Schutz der Natur
das schwarze Gold in den Bergen.
Die Zeit und der Druck veredelte nur,
was den Menschen zum Heil sollte werden.

Der Drang nach mehr und nach Macht
entdeckte die ruhende Kraft in der Kohle,
und es entstanden Schacht an Schacht,
im Revier – den Menschen zum Wohle.

Dieser Schatz umgeben von Bergen
und tief in der Erde gelegen,
war nur mit der Picke zu bergen,
der Menschen, der Menschen wegen.

Und so mit der Picke die Kohle gewonnen,
die Firste geformt und gesichert,
die Berge zerschlagen, so hat man begonnen
und sich mit der Zeit eines Besseren besonnen.

Es kam der Bohrer, das Sprengen,
der Hobel, die Walze, nicht mehr per Hand,
so fördert man Kohle aus den tiefen Engen
für die Menschen, die Menschen im Land.

2.4. Zukunftsvisionen zum Thema „Haldenkreuzweg"

2.4.1. Zur Frage der bisherigen Akzeptanz des Haldenkreuzwegs innerhalb der katholischen Pfarreien in Bottrop und Oberhausen

Im abschließenden Teilkapitel 2.4. ist es nun beabsichtigt, bezüglich des Haldenkreuzwegs einige Kritikpunkte aufzuzeigen: da das Wort „Kritik" allerdings, wenn auch zu unrecht, im alltäglichen Umgang fast ausschließlich in negativem Sinne Verwendung findet, wurde es aufgrund der weithin nur positiven Resonanz des Bottroper Kreuzwegs bewußt nicht in die Überschrift von 2.4. mit aufgenommen, sondern durch den Begriff der „Visionen" ersetzt. Dieser ist darüber hinaus sogar noch geeigneter, denn jede Form von Kritik sollte auch mit einem Blick in die Zukunft verbunden sein. Wer etwas kritisiert, trägt gleichzeitig ein Wunschbild in sich, d. h. er hat Visionen für eine bessere Welt, und vielleicht auch für Veränderungen innerhalb der Kirche. Da die Kirche solche Visionen immer wieder braucht, und da sie von ihnen sogar lebt, soll im folgenden auch einmal in Bottrop angesetzt und nachgefragt werden, ob im Hinblick auf den Haldenkreuzweg noch Verbesserungsvorschläge denkbar wären und wie diese gegebenenfalls umgesetzt werden könnten.

Was die Anlage des Kreuzwegs „Prosper-Haniel" an sich betrifft, so kann eigentlich nur positive Kritik geübt werden, denn der Kreuzweg und das Kreuz auf dem Gipfel der Halde sind bisher als einzigartige Elemente der Haldengestaltung anzusehen, und ferner vollenden sie in höchst gelungener Weise den Kreis der Beziehung zwischen Arbeit, Kirche und Umwelt. Negative Kritik an der Kreuzweg-Gestaltung ist bislang auch noch nirgendwo öffentlich geäußert worden: weder bei Pfarrer Breithecker, noch bei Tisa von der Schulenburg. Der Haldenkreuzweg ist eine Einrichtung geblieben, von der die Menschen im Ruhrgebiet fasziniert sind und die sie immer wieder anzieht, was jährlich vor allem am Karfreitag deutlich wird, wenn tausende Gläubige mit dem Ruhrbischof zum Kreuzweggebet auf die Halde ziehen.

Begibt man sich trotz dieser vielen erfreulichen Tatsachen noch auf die Suche nach negativen Kritikpunkten, so sollte man nicht nach Meinungen über die Kreuzweganlage selbst, sondern nach anderen Dingen fragen. Wenn man sich z.B. erkundigt, wie die verschiedenen Pfarrer der umgebenden Kirchengemeinden zum Karfreitagskreuzweg auf der Halde stehen, so hört man an manchen Stellen nicht nur ausschließlich positive Stimmen. Als Bischof Luthe beschloß, den Kreuzweg in jedem Jahr am Karfreitag um 10.00 Uhr mit der Öffentlichkeit zu beten, hatten einige Geistliche insgeheim Bedenken. Anstatt die Teilnahme am Haldenkreuzweg als eine Vertiefung des Erlebnisses der Karfreitagsfeier bzw. als eine gute Vorbereitung auf die nachmittägliche Karfreitagsliturgie in der eigenen Kirchengemeinde anzusehen, fürchteten mehrere Pfarrer, daß durch den morgendlichen Gang auf die Halde der Besuch der zum gleichen Zeitpunkt stattfindenden pfarrinternen, vor allem für Kinder gestalteten Kreuzwegandachten beeinträchtigt werden könnte. Anhand der Ruhrwort-Ausgabe vom 27. März 1999[204] läßt sich folgendes feststellen: Im Stadtdekanat Bottrop laden im Pfarrnachrichten-Teil ihrer Kirchenzeitung nur vier von 18 Pfarreien zum Haldenkreuzweg am Karfreitag ein. In 10 von 18 Pfarreien finden dagegen zur gleichen Zeit Kinderkreuzwegandachten statt.

Im Stadtdekanat Oberhausen laden im Ruhrwort-Pfarrnachrichtenteil nur 5 von 28 Pfarreien zum Karfreitagskreuzweg auf die Halde ein, und 18 von 28 Pfarreien bieten dagegen zeitgleich andere Veranstaltungen an: fast ausschließlich handelt es sich dabei um Kreuzwegandachten, meist für Kinder, aber in einigen wenigen Fällen auch für Erwachsene, und ferner findet man in verschiedenen Pfarrgemeinden ab 10.00 Uhr ebenfalls das Angebot zum Empfang des Bußsakramentes.

Im Stadtdekanat Bottrop sind es zwei von 18 Pfarreien, die am Karfreitagmorgen bewußt auf sonstige Veranstaltungen verzichten, um den Besuch des Haldenkreuzwegs zu ermöglichen, und im Stadtdekanat Oberhausen sind es nur drei von 28 Pfarreien, die den Karfreitagmorgen aus entsprechendem Grunde freihalten.

Anhand dieser kleinen „Statistik" wird deutlich, wie wenige Pfarrämter am Karfreitag zum Haldenkreuzweg einladen, und wie viele Pfarreien demgegenüber zeitgleich eigene Veranstaltungen anbieten. Wenn in der Kirchenzeitung nur 9 von 46 Pfarrgemeinden auf den Karfreitagskreuzweg „Prosper-Haniel" aufmerksam machen, so wäre es schon wünschenswert, daß sich bedeutend mehr Pfarrer für den Gang auf die Halde einsetzen. Die mögliche Bitte, in den Stadtdekanaten Bottrop und Oberhausen zugunsten des Haldenkreuzwegs generell keine anderen zeitgleichen Veranstaltungen anzubieten, wäre aber dennoch zu voreilig geäußert, und bei aller Liebe zu Prosper-Haniel wäre sie auch unangemessen. Man sollte nämlich bedenken, daß ein Pfarrer in Bottrop bzw. Oberhausen am Karfreitagmorgen in der Pfarrkirche seiner Gemeinde gewiß keine Kreuzwegandacht anbietet, um irgendjemanden von der Halde abzuhalten, sondern viel eher, weil der pfarreigene Kreuzweg am Karfreitag inzwischen zu einer Art Tradition geworden ist, die man ungern bereit ist aufzugeben. Bietet eine Pfarrei z. B. seit vielen Jahren regelmäßig am Karfreitagmorgen einen Kreuzweg für Erwachsene in der Pfarrkirche an, so sollte eine derartige Kreuzwegandacht in jedem Fall beibehalten werden, zumal daran in der Regel zahlreiche ältere Menschen teilnehmen, die den Weg auf die Halde nicht mehr zu Fuß bewältigen können. Vielleicht fände sich auch ein pensionierter Priester, der diese Andacht gestalten könnte, so daß der amtierende Pfarrer dennoch zum Haldenkreuzweg einladen und auch mit daran teilnehmen könnte.

Bei den Parallelveranstaltungen am Karfreitagmorgen handelt es sich allerdings, wie man dem Ruhrwort entnehmen kann, größtenteils nicht um Kreuzwegandachten für Erwachsene, sondern hauptsächlich um Kreuzwegbetrachtungen für Kinder. Was Kinderkreuzwegandachten anbelangt, so wäre es schon eher empfehlenswert, eine Tradition zu brechen. Verpflichten kann man dazu zwar niemanden, aber es wäre durchaus sinnvoll, den jeweiligen Pfarrern nahezulegen, den Kinderkreuzweg am Karfreitagmorgen, auch wenn er seit Jahren zum festen Bestandteil der Karwoche gehört, nicht mehr stattfinden zu lassen. Die Kreuzwegbetrachtung sollte dann allerdings keineswegs ausfallen, sondern sie sollte verschoben werden: eventuell auf den Nachmittag des vorherigen Freitags, oder auch auf einen anderen Tag der Karwoche, die bereits in die Ferienzeit der Schülerinnen und Schüler fällt. Dem Pfarrer wäre es in diesem Fall möglich, die Kinder mit dem Kreuzweg bekannt zu machen, sofern sie mit den einzelnen Stationen noch nicht vertraut sind, und sie dementsprechend auf den Karfreitagskreuzweg auf der Halde vorzubereiten, zu dem sie mehrmals eingeladen werden sollten. Der Pfarrer könnte mit den Kindern gemeinsam dorthin fahren, anstatt sie mit einem eigenen in der Pfarrkirche stattfindenden Karfreitagskreuzweg von der Halde fernzuhalten. Eine „Vision", so wie es in der Überschrift dieses Teilkapitels genannt wurde, wäre es gewiß, sich zu wünschen, daß sich von Jahr zu Jahr immer mehr Kinder am Haldenkreuzweg beteiligen. Der Karfreitagskreuzweg auf der Halde ist für Kinder zweifelsohne ein besonderes Erlebnis, u.a. auch, da sie dort die Möglichkeit erhalten, ihrem Bischof einmal persönlich zu begegnen und ihn die Halde hinauf zu begleiten. Bischof Dr. Hubert Luthe ist es auch ein besonderes Anliegen, möglichst viele Kinder beim Karfreitagskreuzweg begrüßen zu können. Als die Drittkläßler der Oberhausener Melanchthonschule z.B. an Bischof Luthe schrieben, um ihm einige Fragen zu seinen Aufgaben, seinem Alltag etc. zu stellen, lud der Bischof die Kinder am Ende seines ausführlichen Antwortbriefes ganz besonders zur Teilnahme am Karfreitagskreuzweg auf die Halde ein: „Sicher sehen wir uns dann!"[205]

2.4.2. Plädoyer für einen ökumenischen Kreuzweg

Ein letzter Aspekt, der im Hinblick auf den Haldenkreuzweg noch behandelt werden soll, ist der Aspekt der Ökumene.[206]

Für das bevorstehende dritte Jahrtausend ist die Vision des Friedens und der Kirche als Friedensbewegung ganz sicher die wichtigste überhaupt. Als die frühere Generalsekretärin des Deutschen Evangelischen Kirchentages, Dr. Margot Käßmann, am 4. 9. 1999 in der Marktkirche zu Hannover als Landesbischöfin eingeführt wurde, thematisierte auch sie den Frieden in ihrer Predigt: „Jesus tritt durch verschlossene Türen. ‚Friede sei mit euch'. Das sagt er immer wieder, das ist sein Leitmotiv. Und was heißt das nicht alles, wenn uns tatsächlich Frieden zugesprochen wird. Weiß Gott, wir sind unfriedlich! Jeder und jede von uns. Da wird Häme ausgeschüttet, wenn jemand versagt, geeifert über die anderen. Auch über eine Regierung, die um den rechten Weg ringt, (...). Da ist die Angst vor allem Fremden, die Abgrenzung gegenüber den anderen. Und das alles ist ein Unfriede, auf dem ganz schnell und leicht Haß zu säen ist. Wir alle haben das im Kosovo in den letzten Monaten vor Augen geführt bekommen. Aber doch nicht nur dort. Auch in Ruanda und Burundi. In Äthiopien und Eritrea. In China und Taiwan. In Indonesien und Osttimor. In Nordirland. Und machen wir uns nichts vor, auch in unserem eigenen Land. Können wir so auftreten, (...), Frieden zusagen einer vom Unfrieden im Kleinen wie im Grossen zerrissenen Welt? Das ist immer noch meine große Hoffnung. Daß wir als Christinnen und Christen, die in so vielen Ländern und Kulturen existieren, einander diesen Frieden zusprechen können und damit einen Beitrag leisten zum Frieden vor Ort wie zum Frieden der Welt."[207] In einem Interview gab Margot Käßmann zu, daß die Kirche in diesem Punkt während ihrer 2000-jährigen Geschichte immer wieder versagt hat, aber gleichzeitig betonte die Bischöfin, daß dieser Tatbestand die Vision der Kirche als Friedensbewegung dennoch nicht zerstören dürfe.[208]

In Deutschland kann man zwar froh sein, daß zwischen der katholischen und der evangelischen Kirche keine Konfliktzustände wie in Nordirland herrschen, aber trotz der zahlreichen ökumenischen Bemühungen gibt es unter den Konfessionen immer noch sehr viel Trennendes. Wenn man die Entwicklung in beiden Kirchen allerdings einmal genauer betrachtet, so kann man feststellen, daß es in verschiedenen Bereichen zu einer Art „Rollentausch" gekommen ist: d.h. Dinge, die der katholischen Kirche immer mehr verlorenzugehen scheinen, beginnen in der evangelischen Kirche plötzlich aufzuleben. Man denke z.B. an liturgische Farben im Gottesdienst, an gregorianische Gesänge und an einiges andere. Ein solcher „Rollentausch" ist dem evangelischen Theologen Jörg Zink bereits im Jahre

1972 aufgefallen, und bei seinen Beobachtungen war Zink schon damals der Meinung, daß es sich einem evangelischen Theologen empfehlen könne, auch „auf Sinn und Bedeutung einer heutigen Kreuzwegmeditation hinzuweisen, während seine katholischen Kollegen im Begriff sind, aus ihrem pfarrlichen Wirken derlei Volksfrömmigkeit zu verlieren"[209]. Jörg Zink hält es für möglich, daß der eine vielleicht über eine Entdeckung glücklich ist, „während der andere durch langen Gebrauch Banalisiertes neu zu prüfen hätte"[210]. Zink schätzt die Meditation des Kreuzwegs überaus, und er rechnet sie sogar zu den kostbarsten Mitteln der Seelsorge in unserer Zeit.[211] Dabei argumentiert der Stuttgarter Theologe von der heutigen Lebenssituation vieler Menschen her. Zink sieht „immer mehr Menschen, denen es äußerlich an nichts fehlt und die plan- und ziellos am Zweck des Daseins oder am Sinn ihres Leidens herumraten. Menschen, die sich vor dem Tod fürchten in der Verwirrtheit dessen, der weder zum Glauben noch zum Unglauben fähig ist. Menschen, die einen moralfreien Raum suchen und gerade dabei die Erfahrung machen, daß sie – gegen wen eigentlich? – schuldig werden"[212]. Ferner fällt es Zink auf, daß es heutzutage immer mehr Menschen gibt, die ihr Leben insgesamt als eine Last empfinden, und daher hält er die Seelsorge an konkreten Menschen, z. B. an Alten, die ihrem Alter keinen Sinn mehr abgewinnen, oder an Jugendlichen, die zu Gewalttaten neigen, für eine der vordringlichsten Aufgaben der Kirche. In einer Zeit, da die Strapazierbarkeit und auch die Leidensfähigkeit der Menschen immer mehr abnehmen, erinnert Zink die Seelsorger daran, „daß, wer das Evangelium verkündet, nicht mit Appellen und Zumutungen beginnen kann, daß er vielmehr den Entmutigten Begleitung verschaffen wird, dem über seine Kräfte Belasteten Entlastung"[213]. Zink betont, daß das Evangelium Jesu für die Armen von Galiläa von Anfang an in erster Linie Entlastung gewesen sei, und daß Jesus immer zuerst Freiheit gegeben habe, die dann die Kräfte ausgelöst hat, etwas Bestimmtes zu leisten. Jesus nahm ihnen die Schuld ab, und er setzte die Menschen dadurch in den Stand, ihre Schuld zu verstehen und einen Anfang zu machen.

Zink geht es bei klarer Priorität des Evangeliums vor dem Gesetz „um die seelsorgliche Führung von Menschen bis zu der Stelle, an der der Weg Christi dem heutigen Menschen als sein eigener gangbar erscheint, die Gestalt Christi als das Gegenüber, von dem her er seine eigene Gestalt empfängt, die Freiheit Christi als der Ursprung der eigenen Freiheit und Zuversicht"[214]. An dieser Stelle begegnet laut Zink der Protestant von heute dem Kreuzweg. Für Jörg Zink ist es nur schwer begreiflich, „daß den Kirchen der Reformation, die der Gestalt des leidenden Christus mit so großer Klarheit begegnet sind, die Meditation des Kreuzwegs verlorenging"[215], und Zink hält es für möglich, daß die Kirchen der Reformation ähnliche Gründe hatten, sich vom Kreuzweg zu distanzieren, wie sie auch den modernen katholischen Theologen bewegen, der den langen Abnützungsprozeß in der Praxis seiner Kirche vor sich sieht.[216] Laut Zink geht es im Kreuzweg „um Befreiung und Befähigung, um Entlastung und um Gewinnung von Kraft, um Tröstung und einen unverbauten Blick in die Zukunft"[217], denn „Glauben heißt ja nicht etwas meinen, sondern den ganzen Menschen versammeln und mit allen Kräften und in allen Schichten seines Wesens vor Gott treten. Nichts beiseite schieben. Weder die Gedanken noch die Träume. Weder die Hoffnungen noch das Wissen, noch die Angst. Paulus sagt, es komme darauf an, eine neue Menschengestalt nach der Gestalt Christi zu werden. Der Kreuzweg, der von uns nicht nur ein Nachdenken, sondern auch ein Nachgehen fordert, hat den Sinn, ‚alles an uns' auf Christus hin zu verändern."[218] Laut Zink geht es für die Theologie heutzutage darum, sich der Grenzfragen, die

76

jenseits des Erfahrungs- und Wirkungsumkreises des Menschen angelegt sind, wie Liebe, Tod, Schuld, Verantwortung, Gelingen und Scheitern, Freiheit und Selbstvergessenheit, mit neuer Energie zuzuwenden, und dabei braucht der Mensch, wie Zink sich ausdrückt, das Kreuz und den Kreuzweg als täglichen Elementarkurs.[219]

Dieser Ansatz Zinks versetzt einen Katholiken zunächst ins Staunen, denn es scheint doch relativ außergewöhnlich zu sein, daß ein evangelischer Theologe den Kreuzweg, also eine den Protestanten eigentlich völlig fremde Andachtsform, in solchem Maße schätzt und ihn sogar als eines der kostbarsten Mittel der Seelsorge bezeichnet. Wenn man sich heute jedoch in diversen evangelischen Kirchen umschaut, so bemerkt man, daß Zink, auch wenn es zunächst vielleicht so scheint, kein Einzelgänger ist, denn immer mehr evangelische Pfarrerinnen und Pfarrer freunden sich in heutiger Zeit mit dem Kreuzweg an. Besucht man z. B. die evangelische Kreuzkirche in Weiler im Allgäu, so ist man erst einmal überrascht, denn an ihren Innenwänden findet man 14 Kreuzwegsteine, die Pfarrer Peter Bauer im Jahre 1994 anbringen ließ.[220] In diese 14 Steine sind jeweils Medaillons eingelassen, die der Ausnanger Kirchenmaler Erwin Roth mit 14 verschiedenen Kreuzen der Christenheit in Gold faßte: drei vorchristliche Kreuze, 7 aus der Kirchengeschichte und vier aus der lebendigen ökumenischen Gegenwart bilden einen „Kreuzweg" im ganzen Kirchenschiff, der durch einen „Auferstehungsstein" aus

Seite 76: Weiler im Allgäu, ev. Kreuzkirche: 11. Kreuzwegstein. Der Restaurator und Kirchenmaler Erwin Roth aus Ausnang bei Leutkirch versah diesen Stein mit dem Logo des Ökumenischen Rates der Kirchen (ÖRK): „Das Schiff mit dem Kreuz als Mast ist das Symbol für eine weltweite Kirche, deren Kirchenschiff die christliche Gemeinde und deren Herr Jesus Christus ist."
(Pfr. Peter Bauer, Scheidegg)

Dolomitkristall noch ergänzt wird. Dieser Kreuzweg zeigt nun zwar nicht die 14 traditionellen Stationen, aber er kommt der katholischen Tradition immerhin sehr nahe.

Pfarrer Jens Kölsch-Ricken von der evangelischen Versöhnungskirche zu Essen-Rüttenscheid hat sich, um noch ein anderes Beispiel zu nennen, ebenfalls dafür entschieden, in seinem Gotteshaus einen Kreuzweg anbringen zu lassen, und er entschied sich für Drucke des bereits erwähnten Bensberger Misereor-Kreuzwegs von Sieger Köder. Pfarrer Kölsch-Ricken hat sich in besonderer Weise mit dem Kreuzweg angefreundet, und einige der Stationen hat er bereits auch in seinen Passionsandachten vorgestellt, um diese einmal mit anderen Inhalten als in den Vorjahren zu füllen.

Blickt man in das neue evangelische Gesangbuch (EG), so findet man dort verschiedene Gestaltungsvorschläge für Passionsandachten.[221] Darin sind zwar keine Elemente des Kreuzwegs wiederzufinden, aber es gibt evangelischerseits anderweitig genügend Handreichungen, in denen dieses der Fall ist, z. B. die Arbeitshilfen für die Gottesdienste zu den Festzeiten und Kasualien aus dem Gütersloher Verlagshaus Gerd Mohn, in denen verschiedene Modelle für Kreuzwegmeditationen vorgestellt werden. Als ein Beispiel dafür sei die Kreuzwegmeditation „Seht den Menschen!" von Wolfhart Koeppen genannt. Koeppen hat dafür 7 Stationen ausgewählt, die allerdings nur teilweise dem traditionellen Kreuzweg der katholischen Kirche entsprechen: die erste Station lautet bei Koeppen z. B. „Judas Iskariot", die zweite Station „Simon Petrus", die 6. Station „Verbrecher am Kreuz" und die 7. Station „Maria und Johannes". Koeppen geht es dabei in erster Linie darum, Bilder und Personen vorzustellen, in denen sich der Mensch von heute wiedererkennen kann. Koeppen ist der Meinung, daß es sich lohne, die Tradition des

Kreuzwegs wieder aufzugreifen, weil anhand des Kreuzwegs ein jeder seine eigenen Erfahrungen mit sich selbst, mit seinen Mitmenschen, mit der Welt sowie mit der Geschichte Jesu in Verbindung bringen und immer mehr ein Mensch wie Christus werden kann, dessen Weg er bei dieser Andachtsform kreuzt."[222]

Zink und Koeppen, aber auch die als Beispiele ausgewählten Kirchen zu Weiler und Essen-Rüttenscheid lassen deutlich werden, daß in heutiger Zeit immer mehr evangelische Gemeinden den Kreuzweg „entdecken", daß sie Kreuzwegstationen in ihren Kirchen aufhängen oder Kreuzwegmeditationen anbieten. Ein ganz besonders schönes Zeichen ökumenischer Verbundenheit ist es allerdings, wenn sich katholische und evangelische Kirchengemeinden zusammenschließen und in der Fastenzeit gemeinsam den Kreuzweg beten, wie es u.a. in Essen-Steele-Horst und in Essen-Heisingen praktiziert wird. Das ökumenische Kreuzweggebet ist für viele Erwachsene vielleicht noch neuartig, für Jugendliche allerdings schon längst nicht mehr, denn der „Ökumenische Kreuzweg der Jugend" geht bereits auf das Jahr 1958 zurück. Im Jahre 1958, als noch keine Mauer stand, gingen anläßlich des Berliner Katholikentages tausende Gläubige den Leidensweg Christi mit, und seitdem „wird dieser Kreuzweg in der Bundesrepublik Deutschland und in der ehemaligen DDR ökumenisch begangen. Getragen vom Bund der Deutschen Katholischen Jugend, der Arbeitsgemeinschaft der evangelischen Jugend und der Arbeitsstelle für Jugendseelsorge der Deutschen Bischofskonferenz ist der Jugendkreuzweg eine Veranstaltung, die katholische und evangelische Christinnen und Christen aus Ost und West, junge und ältere Menschen im Gebet verbindet."[223] Auch dieser ökumenische Jugendkreuzweg, der meist in Prozessionsform zu bekannten wie auch zu oft übersehenen Stätten eines Ortes bzw. einer Stadt gehalten wird, besteht nicht aus 14, sondern nur aus sieben Stationen. Dadurch lebt erstens die ältere und ursprünglichere Form des Kreuzwegs wieder auf, und zweitens ermöglichen sieben Stationen jeweils auch ein längeres und intensiveres Verweilen. Ferner ist es von Vorteil, daß die Themen der sieben Stationen des Ökumenischen Kreuzweges der Jugend nie einheitlich festgelegt worden sind, so daß in jedem Jahr wieder neu die Möglichkeit besteht, Motive auszuwählen, die den Beter in seiner Lebenssituation besonders betreffen oder die auf das aktuelle Zeitgeschehen bezogen werden können.

Abschließend soll nun gefragt werden, inwieweit das ökumenische Kreuzweggebet bis jetzt auf der Halde Haniel praktiziert wird, und welche „Visionen" diesbezüglich für das nächste Jahrtausend verbleiben.

Für das Jahr 1999 ist in Bottrop ein ökumenisches Kirchenprojekt entwickelt worden, das den Titel „Komma kucken" trug, und das an das Wort Jesu „Kommt und seht!" (Joh 1,39) erinnern sollte. Grundgedanke dieser Aktion war, daß Christen aus Bottrop im Verlauf des Jahres 1999 Gäste von außerhalb Bottrops und des Ruhrgebiets einladen, um ihnen zu zeigen und um mit ihnen darüber zu sprechen, wie sie in diesem größten industriellen Ballungsraum Europas mit seiner Geschichte, seinem Strukturwandel und seinem Aufbruch in das dritte Jahrtausend leben und glauben. Im Zusammenhang dieses Projektes wurde neben vielen anderen Stätten auch der Haldenkreuzweg, vor allem für den Karfreitag, als Ziel einer möglichen Exkursion vorgeschlagen. Außer der Aktion „Komma kucken" gibt es bislang allerdings kaum Bemühungen, dem Haldenkreuzweg einen ökumenischen Akzent zu verleihen, was allerdings nicht heißen soll, daß die Ökumene in Bottrop bzw. in Oberhausen nicht gepflegt wird. In Königshardt z.B. werden in jedem Jahr drei ökumenische Gottesdienste angeboten, und ferner werden einige ökumenische Schulgottesdienste gefeiert. Der gegenseitige Besuch der Gemeindefeste ist inzwischen ebenfalls zu einer Selbstverständlichkeit geworden, aber auch wenn an jedem Karfreitag viele evangelische Bergleute mit auf die Halde ziehen, so ist der Haldenkreuzweg immer noch die alleinige „Sache" der katholischen Kirche geblieben. Der ökumenische Jugendkreuzweg, der in Königshardt regelmäßig stattfindet, führte z. B. bislang noch nie auf die Halde, und wenn man in den evangelischen Gemeinden, die an die Halde grenzen, das Thema „Kreuzweg Prosper-Haniel" anspricht, so stößt man teilweise sogar noch auf ein sehr geringes Interesse. Einer der in unmittelbarer Nähe des Bergwerks tätigen evangelischen Pfarrer hat den Kreuzweg z. B. bis heute noch nie besucht. Andere evangelische Pfarrer kennen den Kreuzweg zwar und äußern sich auch positiv darüber, aber es ist ihnen noch nie der Gedanke gekommen, einmal mit Gruppen aus der Gemeinde eine Wanderung dorthin zu unternehmen oder auf der Halde eine Andacht anzubieten. Zum Teil hört man von evangelischen Christen in Oberhausen sehr fadenscheinige Argumente wie: „Der Haldenkreuzweg liegt auf dem Territorium der Westfälischen Landeskirche, und wir gehören zur Rheinischen Landeskirche, also haben wir so gut wie keine Beziehung dazu." Vielfach kommt bei persönlichen Gesprächen mit den evangelischen Gemeindegliedern aber ebenfalls das Argument zum Vorschein, daß viele Protestanten mit der Andachtsform des Kreuzwegs bisher noch nie konfrontiert worden sind, und daß sie daher lieber die ihnen vertrauten Gottesdienstformen bevorzugen. Die katholische Kirchengemeinde St. Barbara hat die evangelischen Christen Königshardts zwar in jedem Jahr auf die Halde eingeladen, allerdings stets für den Karfreitagmorgen, und dementsprechend sind den Einladungen jeweils nur wenige gefolgt, da der Haldenkreuzweg mit dem evangelischen Karfreitagsgottesdienst zeitgleich verläuft.

Auch wenn heutzutage in vielen Städten bereits ökumenische Kreuzwegandachten gehalten oder wenn in evangelischen Kirchen Kreuzwegstationen aufgehängt werden, so bleibt die Realisierung eines ökumenischen Haldenkreuzwegs noch bei weitem ein Wunschdenken, aber vor allem bleibt sie eine sichtbare Aufforderung. Viele der persönlich geführten Gespräche in den in der Nähe zur Halde Haniel liegenden evangelischen Gemeinden ließen deutlich werden, daß ökumenische Bemühungen zwar vorhanden, aber noch lange nicht ausgereift sind. Es wäre erstrebenswert, und es wäre geradezu eine Vision für das nächste Jahrtausend, daß es in den evangelischen Kirchen immer mehr Menschen werden, die den Kreuzweg Jesu Christi und die 15 Stationen auf der Halde kennen- und schätzen lernen. Um eine solche Annäherung der beiden Konfessionen zu erreichen, darf man allerdings nichts überstürzen: eine praktizierte Ökumene ist zwar, wie in diesem Unterabschnitt 2.4.2. zu zeigen versucht wurde, sowohl für den Frieden in der Welt als auch für den Frieden und die „Gemeinschaft" vor Ort von immenser Bedeutung, aber direkt eine ökumenische Kreuzwegandacht anzubieten, die in althergebrachter katholischer Tradition mit Wechselgebeten an allen 14 Stationen abläuft, wäre sicherlich nicht der klügste Weg, um evangelischen Mitchristen den Kreuzweg näherzubringen. Eher sollte man in möglichst kleinen Schritten immer weiter aufeinander zugehen. Vielleicht kann an einem Werktag der Fastenzeit eine gemeinsame abendliche Passionsandacht, in der man nur einige wenige Kreuzwegstationen meditativ betrachtet, ein erster Anfang dazu sein?

3. Zusammenfassung und Ausblick

Abschließend sollen an dieser Stelle die wesentlichsten Punkte, die in den Kapiteln 1. und 2. behandelt worden sind, nochmals in aller Kürze zusammengefaßt und mit einem Ausblick abgerundet werden.

Als Kreuzweg bezeichnet man den betenden Nachvollzug des vom Haus des Pilatus bis nach Golgotha führenden Leidensweges Jesu. Diese Orte wurden bereits in den ersten Jahrhunderten der Christenheit von zahlreichen Pilgern besucht und verehrt. Vor allem aber durch die Kreuzzüge wurde eine große Jerusalembegeisterung entfacht, und gefördert durch die mittelalterliche Passionsmystik wurden die hl. Stätten Jerusalems und der Kreuzweg Jesu seit dem 15. Jahrhundert im Abendland häufig nachgebildet. Im deutschen Sprachgebiet legte man zunächst zwei Stationen, einen Anfangs- und einen Endpunkt fest. Später ging man zu den sogenannten „Sieben Fußfällen" über, während man in anderen Ländern die zunächst schwankende Zahl der Stationen gemäß einer Schrift des Adrichomius (1533–1585) auf 12 festlegte. Der spanische Franziskaner Antonius Daza erweiterte diese Zwölfzahl allerdings im Jahre 1625 auf 14 Stationen. Die Franziskaner standen der Errichtung von Kreuzwegen stets sehr fördernd gegenüber, vor allem Leonhard von Porto Maurizio (1676–1751), dem es gelang, dem Kreuzweg in 14 Stationen eine weltweite Geltung sowie die Anerkennung durch die Ablaßkongregation zu verschaffen. Ab 1700 begann man, Kreuzwege an Kirchenwänden zu errichten, und dieser Brauch ist bis in die heutige Zeit hinein erhalten geblieben. Auch in der modernen Kunst des 20. Jahrhunderts findet man immer wieder Kreuzwege: oft sind sie abstrakt, vielfach aber auch detailliert dargestellt und beziehen die heutige Lebenswelt mit ein. Auch in der Liturgie ist man heutzutage bemüht, die Kreuzwegtexte so lebensnah wie möglich zu formulieren: im 1998 erschienenen Katholischen Gesangbuch der deutschsprachigen Schweiz ist dieses sehr gut gelungen. Es wäre wünschenswert, daß auch das „Gotteslob" im Laufe der nächsten Zeit nicht nur durch neues Liedgut, sondern auch durch ähnliche Kreuzwegtexte ergänzt würde.

Eine einzigartige Kreuzweganlage unserer Zeit befindet sich seit 1995 auf der Bergehalde der Zeche Prosper-Haniel in Bottrop. Als Papst Johannes Paul II. die Ruhrgebietsstadt im Mai 1987 besuchte, hatte man aus Spurlatten ein großes Kreuz gebaut und dieses als sichtbares Zeichen neben der Bühne aufgestellt, auf der der Papst zur Bevölkerung des Reviers sprach. Später entschloß man sich, dieses Kreuz als „Gipfelkreuz" auf die Halde zu stellen, und nachher kam im Bergwerk ferner die Idee auf, einen Kreuzweg zu errichten, der die Halde hinaufführen sollte. Im Jahre 1993 wurde der Kreuzweg geplant, und 1994 wurden die ersten Stationen gefertigt und aufgestellt. An den 15 Stationen begegnen sich Kunst und Arbeitswelt, der Glaube der Kirche und die Frömmigkeit im Alltag der Menschen. Die einzelnen Stationsbilder wurden von Adolf Radecki und dessen Mitarbeitern nach Zeichnungen von Tisa von der Schulenburg auf Kupferplatten geätzt und in Holzstelen eingefügt, die das Bockgerüst des Förderturms der Zeche Prosper-Haniel andeuten. Neben jedem Bild stellte man zusätzlich ein technisches Gerät aus dem Bergbau sowie eine Tafel auf, auf der ein Wort aus dem Verkündigungsschatz der Kirche zu lesen ist. Am Karfreitag 1995 wurden die Stationen durch den Essener Bischof Dr. Hubert Luthe feierlich eingeweiht, der nun zusammen mit ca. 5000 Gläubigen an jedem Karfreitag den Kreuzweg auf der Halde betet.

Negative Kritik am Haldenkreuzweg wurde bislang kaum laut, aber für die Zukunft könnte man sich wünschen, daß am Karfreitag noch mehr der umliegenden Pfarreien auf die Halde einladen, als es bisher der Fall ist. Vor allem den Kindern sollte man die Möglichkeit bieten, die Kreuzwegandacht auf der Halde miterleben zu können, denn für Kinder ist ein solcher Karfreitagmorgen gewiß ein besonderes Erlebnis, zumal sie dabei u. a. die Gelegenheit haben, ihrem Bischof persönlich zu begegnen und ihn die Halde hinauf zu begleiten. Denjenigen Pfarrern in Bottrop und Oberhausen, die bisher am Karfreitagmorgen einen eigenen Kinderkreuzweg angeboten haben, könnte man nahelegen, diesen auf einen früheren Zeitpunkt zu verschieben, um den Kindern am Karfreitagmorgen den Besuch des Haldenkreuzwegs zu ermöglichen. Ein anderes Wunschbild für die Zukunft wäre die Vorstellung, dem Haldenkreuzweg in absehbarer Zeit einen ökumenischen Charakter zu verleihen. Ökumene kann es gar nicht genug geben, denn sie ist von immenser Bedeutung, sowohl in bezug auf den Weltfrieden als auch auf das Zusammenleben in den Gemeinden vor Ort. In Bottrop und Oberhausen sind zwar bereits zahlreiche ökumenische Bemühungen im Ansatz vorhanden, doch diese bedürfen noch einer weiten Vertiefung. Ferner wäre es wünschenswert, daß der Haldenkreuzweg durch Erwähnung in Ruhrgebiets-Reiseführern eine noch größere Bekanntheit erlangen könnte, aber nicht nur als Sehenswürdigkeit, sondern als ein Ort, an dem die Nähe Gottes spürbar wird und an dem man erkennt, daß Jesus auch heute noch Menschen in seine Nachfolge ruft und ihnen mitten in der Dunkelheit ihres Lebens ein Hoffnungszeichen gibt, auch über den Tod hinaus.

Anmerkungen

1 vgl. Deselaers, Paul: Gehen – Schauen – Beten. Der Kreuzweg als Gebetsweg zur gelebten Wahrheit des Evangeliums. In: Alfers, Josef (Hg. für das Domkapitel): Weg der Hoffnung. Die 15 Kreuzweg-Stationen im St. Paulus-Dom Münster. Münster 1998, S. 5
2 vgl. Hollaardt, A.: Kruisweg. In: Brinkhoff, L. u.a. (Hg.): Liturgisch Woordenboek. Tweede Deel. Roermond 1968, S. 1420
3 vgl. Brommer, Hermann/ Zander, Paul-René: Lichtenberg/Alsace. Le chemin de croix de l'église Sainte-Marie-Auxiliatrice et les portraits de la famille de Hanau-Lichtenberg. Lindenberg 1999, S. 45
4 Deselaers, S. 5
5 Deselaers, S. 5
6 vgl. Maas, Loe: De Kruisweg. In: Tijdschrift voor Liturgie. Jg. 43 (1959), S. 129–132, S. 129
7 vgl. Deselaers, S. 6
8 Die Stadt Jerusalem und in ihr das Grab Jesu sah man in dieser Zeit vielfach als den Mittelpunkt der Welt an: vgl. Deselaers, S. 6
9 vgl. Maas, S. 129
10 vgl. Brommer/ Zander, S. 46
11 Kneller, Karl Alois: Geschichte der Kreuzwegandacht von den Anfängen bis zur völligen Ausbildung. In: Stimmen aus Maria Laach. Katholische Blätter. Ergänzungsheft Nr. 98 (1908), S. 4
12 vgl. Herzog, Markwart: Kreuzwege: Vergegenwärtigung von Entferntem und von Vergangenem. In: Geist und Leben 65 (1992), S. 122–133, S. 126
13 Deselaers, S. 6
14 vgl. Herzog, S. 126
15 vgl. Herzog, ebd.
16 Kneller, S. 6
17 vgl. Kneller, S. 8
18 vgl. Herzog, S. 127
19 vgl. Maas, S. 130
20 vgl. Maas, S. 130
21 Man findet seinen Namen vielfach auch als „Christianus Crucis van Adrichem".
22 dt.: Jerusalem, wie es zur Zeit Christi blühte
23 vgl. Herzog, S. 127
24 vgl. Herzog, S. 128: Stationen der „via crucis": 1. Todesurteil im Pilatuspalast, 2. Kreuzaufbürdung, 3. erster Fall, 4. Begegnung mit Maria und Johannes, 5. Simon von Cyrene, 6. Veronika, 7. zweiter Fall an der Gerichtspforte, 8. Anrede der Töchter Jerusalems, 9. dritter Fall am Fuß des Kalvarienberges, 10. Entkleidung und Tränkung mit Essig und Galle, 11. Kreuzigung, 12. Kreuzaufrichtung
25 s. Maas, S. 131
26 vgl. Herzog, S. 128
27 vgl. Kneller, S. 18
28 vgl. Kneller, ebd.
29 vgl. Kneller, S. 22
30 Holstein, Damien: U. L. Frau von Dusenbach, Oberelsaß/Frankreich. Kleiner Kunstführer Schnell & Steiner Nr. 846. München und Zürich 1966, S. 5, bzw. Holstein, Damien: Notre-Dame de Dusenbach. Deutsche Ausgabe. Saint-Louis 1985, S. 6 – 7
31 Die älteste Nachbildung des Hl. Grabes im Abendland (822) ist aus der St. Michaelskirche zu Fulda bekannt. Sie stand dort in der Mitte der Rotunde: vgl. Kramer, Ernst: Kreuzweg und Kalvarienberg. Kehl/Straßburg 1957, S. 10
32 vgl. Kramer, S. 10
33 Lemper, Ernst-Heinz: Kreuzkapelle und Hl. Grab Görlitz. Kleiner Kunstführer Schnell & Steiner Nr. 2017. München und Zürich 1992, S. 3
34 Müller, Hans: Dome, Kirchen, Klöster: Kunstwerke aus zehn Jahrhunderten. Berlin/Leipzig 1989³, S. 98
35 Lemper, S. 3
36 vgl. Kneller, S. 29
37 vgl. Drozdz, L./ Nowaczyk, P.: Albendorf-Reiseführer. Wrocław (Breslau) 1998, S. 30 – 39, bzw. Melchers, Hans: Albendorf – das schlesische Jerusalem im Glatzer Land von seinen Anfängen bis zur Gegenwart. Münster 1985
38 Seit der Erneuerung (nach 1756) sind es jetzt 20 kleinere und 17 größere hl. Orte.
39 bzgl. St. Annaberg vgl. bes.: Pieczka, Krystian: St. Annaberg in Oberschlesien. Dülmen 1995, S. 67 – 93
40 vgl. Schlafke, Jakob: Wallfahrt im Erzbistum Köln. Köln 1989, S. 100
41 vgl. Kneller, S. 40
42 bzgl. Jeruzalemkerk vgl. bes.: Penninck, Jozef: De Jeruzalemkerk te Brugge. Brugge 1986
43 vgl. Kneller, S. 41
44 Kneller, S. 41
45 vgl. Kneller, S. 41
46 vgl. Kneller, S. 42
47 Herzog, S. 123
48 vgl. Kneller, S. 43
49 vgl. Kneller, S. 44
50 vgl. Kneller, S. 45
51 vgl. Herzog, S. 124
52 vgl. Kneller, S. 48
53 vgl. Kneller, S. 53
54 Fuchs, Josef: Villingen, Münster Unserer Lieben Frau. Kleiner Kunstführer Schnell & Steiner Nr. 549. München und Zürich 1990⁶, S. 20 – 21
55 vgl. Kramer, S. 11
56 Kneller, S. 56
57 vgl. Schomann, Heinz: Kunsthistorischer Wanderführer „Bayern – nördlich der Donau". Stuttgart/Zürich 1971, S. 32
58 vgl. Tschiderer, Christian: Franziskanerkloster Schwaz. Schwaz 1990, S. 22
59 vgl. Muth, Hanswernfried: Volkach am Main. St. Bartholomäus/ Maria im Weingarten. Kleiner Kunstführer Schnell & Steiner Nr. 227. München und Zürich 1987³, S. 15
60 vgl. Kneller, S. 68
61 vgl. Kneller, ebd.
62 vgl. Wagner, Georg: Barockzeitlicher Passionskult in Westfalen. Münster 1967, S. 215
63 Kneller, S. 71
64 vgl. Arens, Fritz: Mainz, St. Quintin. Kleiner Kunstführer Schnell & Steiner Nr. 863. München und Zürich 1967, S. 10
65 Kramer, S. 10

66 vgl. Krämer, Gode: Wallfahrtskirche „Herrgottsruh" Friedberg. Kleiner Kunstführer Schnell & Steiner Nr. 267. München und Zürich 1986², S. 2
67 vgl. Pfister, Peter: Ilmmünster. Kleiner Kunstführer Schnell & Steiner Nr. 1525. München und Zürich 1989², S. 20 – 21
68 vgl. Pörnbacher, Hans: Die Wies. Kleiner Kunstführer Schnell & Steiner Nr. 1. München und Zürich 1992²², S. 2
69 vgl. Benker, Sigmund: Die Wies bei Freising. Kleiner Kunstführer Schnell & Steiner Nr. 530. München und Zürich 1992⁵, S. 2 – 3
70 vgl. Kneller, S. 79
71 Kneller, S. 79 – 80
72 vgl. Kneller, S. 81
73 vgl. Frank, Karl Suso: Franziskanerkirche Frauenberg, Fulda. Kleiner Kunstführer Schnell & Steiner Nr. 1023. München und Zürich 1989³, S. 14
74 vgl. Spatz, Thomas: Wallfahrtskirche Engelberg ob dem Main. Kleiner Kunstführer Schnell & Steiner Nr. 1210. München und Zürich 1989³, S. 16
75 vgl. Friedrich, Verena: Lenggries: Schloßkapelle Hohenburg, Kalvarienberg und Kapelle St. Dionysius. Peda-Kunstführer Nr. 443. Passau 1998, S. 8 – 20
76 vgl. Brenninger, Georg: Bad Tölz. Kleiner Kunstführer Schnell & Steiner Nr. 103. München und Zürich 1983², S. 13 – 19
77 vgl. Kneller, S. 93
78 vgl. Ronig, Franz/Diedrich, Hans: Kirchen und Kapellen in der Stadt Neuerburg/Eifel. Peda-Kunstführer Nr. 457. Passau 1999, S. 30
79 vgl. Kramer, S. 17
80 Man denke z.B. an die sieben Sakramente, die sieben Worte Jesu am Kreuz, die sieben Gaben des Hl. Geistes, die sieben Bitten des Vaterunsers, die sieben Tugenden und sieben Todsünden, die sieben Schmerzen Mariens, die sieben Blutvergießen etc.
81 vgl. Kneller, S. 96
82 Eine genauere Datierung gibt Kneller hierzu auf S. 97 nicht an.
83 vgl. Kneller, S. 97
84 vgl. Kneller, S. 98
85 vgl. Kneller, S. 99
86 vgl. Sirjacobs, Raymond: Sint-Pauluskerk Antwerpen. Beknopte gids. Antwerpen 1995, S. 30
87 vgl. Kramer, S. 12
88 vgl. Lussi, Kurt: Die Karwoche in Mystik und Brauchtum. Begleitschrift zur Ausstellung im Historischen Museum Luzern. Lindenberg 2000, S. 18
89 Kramer, S. 12
90 vgl. Muth, Hanswernfried/Schnell, Hugo: Das Käppele, Würzburg. Kleiner Kunstführer Schnell & Steiner Nr. 306. München und Zürich 1983¹², S. 6
91 vgl. Kneller, S. 103
92 vgl. Kramer, S. 13
93 vgl. Brenninger, S. 16
94 vgl. Schulten, Walter: Die Heilige Stiege und Wallfahrtsstätte auf dem Kreuzberg in Bonn. Rheinische Kunststätten, Heft 20. Köln 1986⁵, S. 11
95 vgl. Friedrich, S. 15 – 16 bzw. Brenninger, S. 16

96 vgl. Hansen, Susanne (Hg.): Die deutschen Wallfahrtsorte. Ein Kunst- und Kulturführer zu über 1000 Gnadenstätten. Augsburg 1990, S. 847
97 vgl. Motyka, Gustl: Wallfahrtskirche Mariaort. Mainburg 1993, Abb. auf S. 15
98 vgl. Thoma, Otto: Anzing: Pfarr- und Wallfahrtskirche St. Maria, Högerkapelle, Purfing. Peda-Kunstführer Nr. 033. Passau 1989, S. 33
99 vgl. Kneller, S. 104
100 vgl. Kneller, S. 104
101 Kneller, ebd.
102 Kneller gibt hierzu auf S. 104 keine Datierung an.
103 vgl. Kneller, S. 105
104 vgl. Kneller, S. 106
105 vgl. Kneller, S. 107
106 vgl. Kneller, S. 109
107 vgl. Kneller, S. 117
108 vgl. Kneller, S. 119
109 Kneller, S. 119
110 vgl. Kneller, S. 121
111 vgl. Kneller, S. 121
112 vgl. Götz, Arnulf: Die ersten deutschen Kreuzwege. In: Klerusblatt 32 (1952), S. 81 f., S. 81
113 vgl. Herzog, S. 130
114 vgl. Götz, S. 82
115 vgl. Wagner, S. 232
116 vgl. Kramer, S. 25
117 Kramer, S. 25
118 Herzog, S. 131
119 Alle anderen Inhalte des Kreuzwegs lassen sich jedoch durch Evangelium und Tradition decken: vgl. Maas, S. 131
120 Herzog, S. 131
121 vgl. Wagner, S. 128
122 vgl. Wagner, ebd.
123 Ein qualitätvolles Beispiel aus der Zeit um 1470 findet sich in der St. Johannes-Kirche zu Kitzingen: vgl. Englert, Anton: Pfarrkirche St. Johannes und Kreuzkapelle, Kitzingen am Main. Kleiner Kunstführer Schnell & Steiner Nr. 1168. München und Zürich 1979, S. 8, 10
124 vgl. Götz, S. 82
125 vgl. Pechloff, Ursula: Kloster Kreuzberg, Rhön. Peda-Kunstführer Nr. 110. Passau 1994, S. 21. Eine ausführlichere Beschreibung des Kreuzwegs liefert allerdings der vorherige Kreuzberg-Kunstführer: Sturm, Erwin: Kloster Kreuzberg/Rhön. Kleiner Kunstführer Schnell & Steiner Nr. 1243. München und Zürich 1983², s. S. 19
126 Wehnert, Dieter J.: Die Wallfahrtskirche „Maria Hilf auf dem Lechfeld". Klosterlechfeld 1986, S. 27
127 vgl. Götz, S. 82
128 Götz, ebd.
129 vgl. Kneller, S. 175
130 vgl. Kneller, S. 177
131 Kneller, S. 178
132 vgl. Kneller, ebd.
133 vgl. Kneller, S. 180
134 vgl. Kneller, S. 183
135 vgl. Kneller, S. 184

[136] Kramer, S. 90
[137] vgl. Kramer, S. 90
[138] vgl. Berger, Rupert: Bewußteres Zusammenstehen der Gemeinde. Andachtsformen der Fastenzeit. In: Gottesdienst 3 (1978), S. 17 – 19, S. 18
[139] vgl. Berger, S. 18
Hierzu wäre des weiteren anzumerken, daß es nicht, wie es sich in manchen Pfarreien beobachten läßt, der Fall sein sollte, daß der Pfarrer den gesamten Kreuzwegtext vom Ambo aus spricht, während die Gemeinde in den Bankreihen sitzen bleibt. Wenn die Teilnehmenden größtenteils ältere Menschen sind, denen es schwer fällt, lange zu stehen, so sollte es zumindest üblich sein, daß eine bestimmte Gruppe, z.B. der Pfarrer, die Lektorin/der Lektor und die Meßdienerinnen und Meßdiener, von Station zu Station schreiten, so daß das Zurücklegen des Weges, den Jesus gegangen ist, symbolisiert wird. Dieses kann noch deutlicher geschehen, wenn der Kreuzweg nicht in der Kirche, sondern draußen gebetet wird. In vielen Pfarreien zieht man zum Beispiel am Karfreitag mit einem großen Holzkreuz durch die Gemeinde und legt an bestimmten Stellen Stationen ein, aber auch für den Jugendkreuzweg, der an späterer Stelle noch behandelt wird, empfiehlt sich ein Fußweg durch die freie Natur, vor allem abends in der Dunkelheit, so daß ein Kreuz z.B. mit Fackeln begleitet werden kann.
[140] Berger, S. 19
[141] vgl. Sursum corda! Katholisches Gesang- und Gebetbuch für die Erzdiözese Paderborn. Paderborn 1932, S. 151 – 162
[142] vgl. Katholisches Gesangbuch. Gesang- und Gebetbuch der deutschsprachigen Schweiz. Hg. im Auftrag der Schweizer Bischofskonferenz. Zug 1998, Nr. 408 / S. 473 – 480
[143] Katholisches Gesangbuch. Gesang- und Gebetbuch der deutschsprachigen Schweiz, S. 477
[144] vgl. Katholisches Gesangbuch. Gesang- und Gebetbuch der deutschsprachigen Schweiz, Nr. 409 / S. 480 – 489
[145] Katholisches Gesangbuch. Gesang- und Gebetbuch der deutschsprachigen Schweiz, S. 485
[146] Der Text im „Gotteslob", Nr. 775, ist zwar in keiner Weise „veraltet", aber bei der Lektüre der neuen Schweizerischen Textvorlagen kann man sich nur wünschen, daß man Deutschland in absehbarer Zeit diesem Vorbild gefolgt und ein ähnlich lebensnaher Kreuzwegtext in das „Gotteslob" einbracht wird, der den Text von Nr. 775 nicht ersetzen sollte, ihn aber als alternative Variante ergänzen könnte.
[147] vgl. Henneken, Marianus (Hg.): Sankt Ansgar im Hansaviertel Berlin-Tiergarten 1957 – 1982. Berlin 1982
[148] Kramer, S. 89
[149] vgl. Smith, Maria-Theresia: Maria Regina Martyrum, Berlin-Charlottenburg. Kleiner Kunstführer Schnell & Steiner Nr. 1703. München und Zürich 1988, S. 5
[150] Smith, S. 8
[151] Meistermann, Georg, zitiert in: Bringemeier, Ludwig: Stationen vom Tod zum Leben. Kreuzweg der Pfarrkirche St. Mariä Himmelfahrt Ahaus. Ahaus 1990, S. 4
[152] vgl. dazu bes.: Misereor (Hg.): Betrachtungen zum Misereor-Kreuzweg und Misereor-Hungertuch aus Lateinamerika. Aachen 1992
[153] vgl. dazu bes.: Misereor (Hg.): Afrikanischer Kreuzweg. Meditationen und Gebete. Aachen 1995
[154] vgl. dazu bes.: Misereor (Hg.): Bensberger Misereor-Kreuzweg von Sieger Köder. Gebete und Bilderschließungen. Aachen 1998, bzw.: Mock, Erwin: „Da – der Mensch." Der Bensberger Kreuzweg von Sieger Köder. Ostfildern 1998
[155] vgl. den Kreuzweg in der St. Nikolaus-Pfarrkirche zu Schluchsee, s. auch: Fütterer, Karl: Kreuzweg Schluchsee. München und Zürich 1987
[156] vgl. die Kreuzwege von Bert Gerresheim im St. Paulus-Dom zu Münster sowie in der St. Antonius-Pfarrkirche zu Kevelaer. Zu letzterem vgl. besonders: Doornick, Alois van: Pfarrkirche Sankt Antonius Kevelaer. Lindenberg 2000, S. 24 – 28
[157] Langhäuser, Paul H., im Vorwort zu: Langhäuser, Paul H./Bieringer, Reimund: Meditationen über den Kreuzweg in St. Ludwig/Ludwigshafen am Rhein. Ludwigshafen o. Jg., S. 3
[158] vgl. Maas, S. 131
[159] vgl. Berger, S. 19
[160] Seinen Doppelnamen verdankt das Bergwerk dem damaligen Landesherren der Veste Recklinghausen, Prosper Ludwig von Arenberg, und Franz Haniel, einem Pionier aus der Gründerzeit des Ruhrbergbaus.
[161] Quellen für das Bottroper Stadtporträt: Bistum Essen (Hg.): Papst Johannes Paul II. in Bottrop am 2. Mai 1987. Programm. Essen 1987, bzw.: Bourrée, Manfred: Bottrop. Großer Kultur- und Freizeitführer Ruhrgebiet. Band 2. Essen 1986
[162] Diese Funde sind heute im Bottroper Museumszentrum „Quadrat" ausgestellt.
[163] Unter „abteufen" versteht man das Herstellen von Schächten im Bergbau.
[164] Quellen für den bergbaugeschichtlichen Abriß: Bistum Essen (Hg.): Papst Johannes Paul II. in Bottrop am 2. Mai 1987. Programm. Essen 1987, bzw.: Bergwerk Prosper-Haniel, Bottrop (Hg.): Chronik 140 Jahre: 1856 – 1996 Bergbau in Bottrop. Bottrop 1996
[165] Sohle = Stockwerk des Grubengebäudes unter Tage
[166] Als „Berge" bezeichnet man in der Bergmannssprache das Gestein, das beim Kohleabbau und beim Streckenvortrieb sowie als Rest bei der Aufbereitung der Rohkohle anfällt.
[167] vgl. Jähme, Waldemar: 100 Jahre Evangelische Kirche in Bottrop 1884 – 1984. Bottrop 1984, S. 17 – 39
[168] Hengsbach, Franz, im Vorwort zu: Bistum Essen (Hg.): Solidarität, Lebenskraft, Zukunft. Die Botschaft Papst Johannes Paul II. 1987 in Bottrop. Essen 1987, S. 5
[169] Hanns Ketteler war von 1970 – 1992 als Bergwerksdirektor im Amt.
[170] heute: „Deutsche Steinkohle AG" in Herne
[171] vgl. Gesamtverband des deutschen Steinkohlenbergbaus (Hg.): Steinkohlenbergbau in der Bundesrepublik Deutschland. Essen 1995, S. 17
[172] Luthe, Hubert: Predigt beim Wortgottesdienst anläßlich der Kreuzerrichtung auf der Haniel-Halde, Karfreitag 1992 (unveröffentlichtes Manuskript)
[173] Schlagheck, Michael: Aktionen praktizierter Solidarität für benachteiligte Jugendliche. In: Diözesanrat der Katholiken im Bistum Essen (Hg.): ... und Vorrang hat der Mensch.

Forum Ruhrgebiet der Katholiken im Bistum Essen. Annweiler/Essen 1988, S. 105 – 113, S. 110

[174] Folgende Ausführungen bis zum Ende von 2.1.2. beruhen auf einem persönlichen Gespräch mit Bergwerksdirektor a. D. Hanns Ketteler.

[175] Steiger = Aufsichtsperson im Bergbau, abgeleitet vom „steten Steigen und Einfahren in die Grube", wie es im vorindustriellen Zeitalter üblich war.

[176] Quellen für die Kurzbiographie Tisa von der Schulenburgs:
– Kunstort Knappschaft (Hg.): Tisa von der Schulenburg. Bochum o. Jg.
– Schulenburg, Tisa von der: Ich hab's gewagt. Bildhauerin und Ordensfrau – ein unkonventionelles Leben. Freiburg 1994²
– Schulenburg, Tisa von der: Meine dunklen Brüder. Als Bildhauerin unter Bergarbeitern. Freiburg 1984

[177] vgl. Buschmann, Rudolf: Interview mit Tisa von der Schulenburg. In: Zur Zeit (Zeitschrift der Redemptoristen) 2 (1997), S. 38 – 39, S. 38

[178] Als Hanns Ketteler am 31. 12. 1992 als Bergwerksdirektor in den Ruhestand trat, setzte sein Nachfolger Dr. Michael Eisenmenger (Bergwerksdirektor von 1993 – 1998) Kettelers Idee, einen Kreuzweg auf der Halde zu errichten, mit Engagement fort. Im Jahre 1998 wurde Dr. Eisenmenger durch Jürgen Eikhoff als Bergwerksdirektor abgelöst.

[179] Die Aussage geht auf ein persönliches Gespräch mit H. Pfarrer Breithecker zurück.

[180] Kreuzweg Bergwerk Prosper-Haniel (o. Hg.). Bottrop o. Jg. / Im Jahre 2000 wurde der Text dieser Broschüre sogar ins Englische übersetzt.

[181] vgl. Artikel zur Kreuzwegeinweihung aus den Bottroper Ausgaben der WAZ bzw. der RN vom 15. 4. 1995

[182] vgl. Luthe, Hubert: Predigt am Karfreitag, 14. April 1995, zur Segnung des Kreuzweges auf der Halde des Bergwerks Prosper-Haniel (unveröffentlichtes Manuskript)

[183] Luthe, ebd.

[184] Teufkübel = Gefäß, mit dem anfallendes Gestein beim Teufen (Herstellen) eines Schachtes gehoben wird.

[185] Kreuzweg Bergwerk Prosper-Haniel, S. 7

[186] Kreuzweg Bergwerk Prosper-Haniel, S. 9

[187] Unter einem Bergekasten versteht man ein aus Schwellen aufeinandergeschichtetes Geviert, dessen Innenraum mit Bergen (Steinen) ausgefüllt wurde. Die Bergekästen wurden vom Liegenden (Boden) bis zum Hangenden (Decke) aufgeschichtet und bildeten eine „Mauer", die den ausgekohlten Hohlraum vom Rest des Grubengebäudes (z.B. Strecke) trennten. Heute ist dieses jedoch nicht mehr üblich.

[188] Gleitbogenausbau = Ein Streckenausbau, der durch seine Halbkreisform eine hohe Stabilität bietet. Durch das besondere Profil ist der Bogen in der Lage, bei zu hoher Belastung nachzugeben. Die Profile verschieben sich dann ineinander und werden nicht beschädigt.

[189] Kreuzweg Bergwerk Prosper-Haniel, S. 13

[190] Kreuzweg Bergwerk Prosper-Haniel, S. 17

[191] Türstockausbau = Heute kaum noch gebräuchlicher trapezförmiger Grubenausbau in Stahl oder Holz, der im Bergbau benutzt wurde, bevor es den Bogenausbau gab.

[192] vgl. Kreuzweg Bergwerk Prosper-Haniel, S. 19

[193] Kreuzweg Bergwerk Prosper-Haniel, S. 19

[194] Abbauhammer = Druckluftbetriebenes Gewinnungswerkzeug, mit dem die Kohle aus dem Stoß (Wand) herausgebrochen wurde. / Nachfolger der Picke (Hacke).

[195] Kreuzweg Bergwerk Prosper-Haniel, S. 25

[196] vgl. Kreuzweg Bergwerk Prosper-Haniel, S. 29

[197] Schildausbau = Hydraulischer Grubenausbau für den Streb, mit der Öffnung zum Flöz. Der Schildausbau schützt die Bergleute vor Stein- und Kohlenfall.

[198] Kreuzweg Bergwerk Prosper-Haniel, S. 33

[199] Luthe, Hubert: Predigt am Karfreitag, 5. April 1996, auf der Halde Haniel (unveröffentlichtes Manuskript)

[200] Luthe, Hubert: Predigt am Karfreitag, 10. April 1998, auf der Halde Haniel (unveröffentlichtes Manuskript)

[201] vgl. Stadt Bottrop (Hg.): Freizeit in Bottrop. Wissenswertes. Sehenswertes. Erlebenswertes. Bottrop o. Jg.

[202] im Zusammenhang mit dem ökumenischen Projekt „Komma kucken" (vgl. Unterabschnitt 2.4.2.)

[203] Krankenbruderdienst = action 365, die von P. Johannes Leppich SJ ins Leben gerufen wurde

[204] vgl. Ruhrwort (Wochenzeitung im Bistum Essen) 12 (1999), Pfarrnachrichten-Teile für die Stadtdekanate Bottrop bzw. Oberhausen

[205] Luthe, Hubert: Brief an die Schülerinnen und Schüler der 3. Schuljahre der Melanchthonschule Oberhausen-Sterkrade. In: Kath. Pfarramt Herz Jesu, Oberhausen-Sterkrade (Hg.): Pfarrbrief Herz Jesu, Sterkrade. Ostern 1999, S. 23 – 24

[206] In diesem letzten Unterabschnitt soll vor allem auch die persönliche Meinung des Verfassers zum Tragen kommen. M.G.

[207] Käßmann, Margot: Vom ungläubigen Thomas (Joh 20,19-29). Predigt zur Einführung als Landesbischöfin. Marktkirche Hannover, 4. 9. 1999. In: Käßmann, Margot: „Was steht ihr da und seht zum Himmel?" Predigten und Aufsätze. Hannover 1999, S. 21 – 30, S. 26 – 27

[208] vgl. Käßmann, Margot, in einem epd-Interview. In: Berger, Michael B. u.a.: Horst Hirschler/ Margot Käßmann: Wechsel im Bischofsamt. Hannover 1999, S. 51

[209] Zink, Jörg: Wiederentdeckung des Kreuzwegs. In: Gottesdienst 4 (1972), S. 25 – 27, S. 25

[210] Zink, S. 25

[211] vgl. Zink, S. 25

[212] Zink, S. 25/26

[213] Zink, S. 26

[214] Zink, S. 26

[215] Zink, S. 26

[216] vgl. Zink, S. 26/27

[217] Zink, S. 27

[218] Zink, S. 27

[219] vgl. Zink, S. 27

[220] vgl. Ev.-luth. Pfarramt Scheidegg (Hg.): 40 Jahre Evang. Kreuzkirche Weiler. Scheidegg 1994, S. 5 – 6

[221] vgl. Evangelisch-Lutherische Kirche in Bayern (Hg.): Evangelisches Gesangbuch. Ausgabe für die Evangelisch-Lutherischen Kirchen in Bayern und Thüringen. München 1996, Nr. 724 / S. 1225 – 1226 bzw. Evangelische Kirche im Rheinland, Evangelische Kirche von Westfalen und Lippische Landeskirche in Gemeinschaft mit der Evangelisch-

reformierten Kirche (Hg.): Evangelisches Gesangbuch. Ausgabe für die Ev. Kirche im Rheinland, die Ev. Kirche von Westfalen und die Lippische Landeskirche in Gemeinschaft mit der Evangelisch-reformierten Kirche. Gütersloh 1996, Nr. 833 – 834/ S. 1267 – 1271

[222] vgl. Koeppen, Wolfhart: Seht den Menschen! Kreuzwegmeditation. In: Nitschke, Horst (Hg.): Passion. Predigten · Meditationen · Andachten · Gottesdienste. Gütersloh 1983, S. 44 – 57, S. 45

[223] Schütz, Georg: „Zwei Balken aus Holz". Der Ökumenische Jugendkreuzweg 1999. In: Kirchenzeitung für das Erzbistum Köln 11 (1999), S. 12 – 13, S. 127

Literaturverzeichnis

Arens, Fritz: Mainz, St. Quintin. Kleiner Kunstführer Schnell & Steiner Nr. 863. München und Zürich 1967

Benker, Sigmund: Die Wies bei Freising. Kleiner Kunstführer Schnell & Steiner Nr. 530. München und Zürich 1992[5]

Berger, Michael B. u.a.: Horst Hirschler/ Margot Käßmann: Wechsel im Bischofsamt. Hannover 1999

Berger, Rupert: Bewußteres Zusammenstehen der Gemeinde. Andachtsformen der Fastenzeit. In: Gottesdienst 3 (1978), S. 17 – 19

Bergwerk Prosper-Haniel, Bottrop (Hg.): Chronik 140 Jahre: 1856 – 1996 Bergbau in Bottrop. Bottrop 1996

Bistum Essen (Hg.): Papst Johannes Paul II. in Bottrop am 2. Mai 1987. Programm. Essen 1987

Bistum Essen (Hg.): Solidarität, Lebenskraft, Zukunft. Die Botschaft Papst Johannes Paul II. 1987 in Bottrop. Essen 1987

Bourrée, Manfred: Bottrop. Großer Kultur- und Freizeitführer Ruhrgebiet. Band 2. Essen 1986

Brenninger, Georg: Bad Tölz. Kleiner Kunstführer Schnell & Steiner Nr. 103. München und Zürich 1983[2]

Bringemeier, Ludwig: Stationen vom Tod zum Leben. Kreuzweg der Pfarrkirche St. Mariä Himmelfahrt Ahaus. Ahaus 1990

Brommer, Hermann/ Zander, Paul-René: Lichtenberg/Alsace. Le chemin de croix de l'église Sainte-Marie-Auxiliatrice et les portraits de la famille de Hanau-Lichtenberg. Lindenberg 1999

Buschmann, Rudolf: Interview mit Tisa von der Schulenburg. In: Zur Zeit (Zeitschrift der Redemptoristen) 2 (1997), S. 38 – 39

Deselaers, Paul: Gehen-Schauen-Beten. Der Kreuzweg als Gebetsweg zur gelebten Wahrheit des Evangeliums. In: Alfers, Josef (Hg. für das Domkapitel): Weg der Hoffnung. Die 15 Kreuzweg-Stationen im St. Paulus-Dom zu Münster. Münster 1998

Doornick, Alois van: Pfarrkirche Sankt Antonius Kevelaer. Lindenberg 2000

Drozdz, L./ Nowaczyk, P.: Albendorf-Reiseführer. Wroclaw (Breslau) 1998

Englert, Anton: Pfarrkirche St. Johannes und Kreuzkapelle, Kitzingen am Main. Kleiner Kunstführer Schnell & Steiner Nr. 1168. München und Zürich 1979

Evangelisch-Lutherische Kirche in Bayern (Hg.): Evangelisches Gesangbuch. Ausgabe für die Evangelisch-Lutherischen Kirchen in Bayern und Thüringen. München 1996

Evangelische Kirche im Rheinland, Evangelische Kirche von Westfalen und Lippische Landeskirche in Gemeinschaft mit der Evangelisch-reformierten Kirche (Hg.): Evangelisches Gesangbuch. Ausgabe für die Ev. Kirche im Rheinland, die ev. Kirche von Westfalen und die Lippische Landeskirche in Gemeinschaft mit der Evangelisch-reformierten Kirche. Gütersloh 1996

Ev.-luth. Pfarramt Scheidegg (Hg.): 40 Jahre Evang. Kreuzkirche Weiler. Scheidegg 1994

Frank, Karl Suso: Franziskanerkirche Frauenberg, Fulda. Kleiner Kunstführer Schnell & Steiner Nr. 1023. München und Zürich 1989[3]

Friedrich, Verena: Lenggries: Schloßkapelle Hohenburg, Kalvarienberg und Kapelle St. Dionysius. Peda-Kunstführer Nr. 443. Passau 1998

Fuchs, Josef: Villingen, Münster Unserer Lieben Frau. Kleiner Kunstführer Schnell & Steiner Nr. 549. München und Zürich 1990[6]

Fütterer, Karl: Kreuzweg Schluchsee. München und Zürich 1987

Gesamtverband des deutschen Steinkohlenbergbaus (Hg.): Steinkohlenbergbau in der Bundesrepublik Deutschland. Essen 1995

Götz, Arnulf: Die ersten deutschen Kreuzwege. In: Klerusblatt 32 (1952), S. 81 f.

Hansen, Susanne (Hg.): Die deutschen Wallfahrtsorte. Ein Kunst- und Kulturführer zu über 1000 Gnadenstätten. Augsburg 1990

Henneken, Marianus (Hg.): Sankt Ansgar im Hansaviertel Berlin-Tiergarten 1957 – 1982. Berlin 1982

Herzog, Markwart: Kreuzwege: Vergegenwärtigung von Entferntem und von Vergangenem. In: Geist und Leben 65 (1992), S. 122 – 133

Hollaardt, A.: Kruisweg. In: Brinkhoff, L. u.a. (Hg.): Liturgisch Woordenboek. Tweede Deel. Roermond 1968, S. 1420

Holstein, Damien: Notre-Dame de Dusenbach. Deutsche Ausgabe. Saint-Louis 1985

Holstein, Damien: U. L. Frau von Dusenbach, Oberelsaß/Frankreich. Kleiner Kunstführer Schnell & Steiner Nr. 846. München und Zürich 1966

Jähme, Waldemar: 100 Jahre Evangelische Kirche in Bottrop 1884 – 1984. Bottrop 1984

Käßmann, Margot: Vom ungläubigen Thomas (Joh 20, 19 – 29). Predigt zur Einführung als Landesbischöfin. Marktkirche Hannover, 4. 9. 1999. In: Käßmann, Margot: „Was steht ihr da und seht zum Himmel?" Predigten und Aufsätze. Hannover 1999, S. 21 – 30

Katholisches Gesangbuch. Gesang- und Gebetbuch der deutschsprachigen Schweiz. Hg. im Auftrag der Schweizer Bischofskonferenz. Zug 1998

Kneller, Karl Alois: Geschichte der Kreuzwegandacht von den Anfängen bis zur völligen Ausbildung. In: Stimmen aus Maria Laach. Katholische Blätter. Ergänzungsheft Nr. 98 (1908)

Koeppen, Wolfhart: Seht den Menschen! Kreuzwegmeditation. In: Nitschke, Horst (Hg.): Passion. Predigten · Meditationen · Andachten · Gottesdienste. Gütersloh 1983, S. 44 – 57

Krämer, Gode: Wallfahrtskirche „Herrgottsruh" Friedberg. Kleiner Kunstführer Schnell & Steiner Nr. 267. München und Zürich 1986[2]

Kramer, Ernst: Kreuzweg und Kalvarienberg. Kehl/Straßburg 1957

Kreuzweg Bergwerk Prosper-Haniel (o. Hg.). Bottrop o. Jg.

Kunstort Knappschaft (Hg.): Tisa von der Schulenburg. Bochum o. Jg.

Langhäuser, Paul H./ Bieringer, Reimund: Meditationen über den Kreuzweg in St. Ludwig/Ludwigshafen am Rhein. Ludwigshafen o. Jg.

Lemper, Ernst-Heinz: Kreuzkapelle und Hl. Grab Görlitz. Kleiner Kunstführer Schnell & Steiner Nr. 2017. München und Zürich 1992

Lussi, Kurt: Die Karwoche in Mystik und Brauchtum. Begleitschrift zur Ausstellung im Historischen Museum Luzern. Lindenberg 2000

Luthe, Hubert: Brief an die Schülerinnen und Schüler der 3. Schuljahre der Melanchthonschule Oberhausen-Sterkrade. In: Kath. Pfarramt Herz Jesu, Oberhausen-Sterkrade (Hg.): Pfarrbrief Herz Jesu, Sterkrade. Ostern 1999, S. 23 – 24

Luthe, Hubert: Predigt beim Wortgottesdienst anläßlich der Kreuzerrichtung auf der Haniel-Halde, Karfreitag 1992 (unveröffentlichtes Manuskript)

Luthe, Hubert: Predigt am Karfreitag, 14. April 1995, zur Segnung des Kreuzweges auf der Halde des Bergwerks Prosper-Haniel (unveröffentlichtes Manuskript)

Luthe, Hubert: Predigt am Karfreitag, 5. April 1996, auf der Halde Haniel (unveröffentlichtes Manuskript)

Luthe, Hubert: Predigt am Karfreitag, 10. April 1998, auf der Halde Haniel (unveröffentlichtes Manuskript)

Maas, Loe: De Kruisweg. In: Tijdschrift voor Liturgie. Jg. 43 (1959), S. 129 – 132

Melchers, Hans: Albendorf – das schlesische Jerusalem im Glatzer Land von seinen Anfängen bis zur Gegenwart. Münster 1985

Misereor (Hg.): Afrikanischer Kreuzweg. Meditationen und Gebete. Aachen 1995

Misereor (Hg.): Bensberger Misereor-Kreuzweg von Sieger Köder. Gebete und Bilderschließungen. Aachen 1998

Misereor (Hg.): Betrachtungen zum Misereor-Kreuzweg und Misereor-Hungertuch aus Lateinamerika. Aachen 1992

Mock, Erwin: „Da – der Mensch." Der Bensberger Kreuzweg von Sieger Köder. Ostfildern 1998

Motyka, Gustl: Wallfahrtskirche Mariaort. Mainburg 1993

Müller, Hans: Dome, Kirchen, Klöster: Kunstwerke aus zehn Jahrhunderten. Berlin/Leipzig 1989[3]

Muth, Hanswernfried: Volkach am Main. St. Bartholomäus / Maria im Weingarten. Kleiner Kunstführer Schnell & Steiner Nr. 227. München und Zürich 1987[3]

Muth, Hanswernfried/Schnell, Hugo: Das Käppele, Würzburg. Kleiner Kunstführer Schnell & Steiner Nr. 306. München und Zürich 1983[12]

Pechloff, Ursula: Kloster Kreuzberg, Rhön. Peda-Kunstführer Nr. 110. Passau 1994

Penninck, Jozef: De Jeruzalemkerk te Brugge. Brugge 1986

Pfister, Peter: Ilmmünster. Kleiner Kunstführer Schnell & Steiner Nr. 1525. München und Zürich 1989[2]

Pieczka, Krystian: St. Annaberg in Oberschlesien. Dülmen 1995

Pörnbacher, Hans: Die Wies. Kleiner Kunstführer Schnell & Steiner Nr. 1. München und Zürich 1989[22]

Ronig, Franz/ Diedrich, Hans: Kirchen und Kapellen in der Stadt Neuerburg/Eifel. Peda-Kunstführer Nr. 457. Passau 1999

Ruhr-Nachrichten. Ausgabe für Bottrop vom 15. 4. 1995

Ruhrwort (Wochenzeitung im Bistum Essen) 12 (1999). Pfarrnachrichten-Teile für die Stadtdekanate Bottrop bzw. Oberhausen

Schlafke, Jakob: Wallfahrt im Erzbistum Köln. Köln 1989

Schlagheck, Michael: Aktionen praktizierter Solidarität für benachteiligte Jugendliche. In: Diözesanrat der Katholiken im Bistum Essen (Hg.): ... und Vorrang hat der Mensch. Forum Ruhrgebiet der Katholiken im Bistum Essen. Annweiler/Essen 1988, S. 105 – 113

Schomann, Heinz: Kunsthistorischer Wanderführer „Bayern – nördlich der Donau". Stuttgart/Zürich 1971

Schütz, Georg: „Zwei Balken aus Holz". Der Ökumenische Jugendkreuzweg 1999. In: Kirchenzeitung für das Erzbistum Köln 11 (1999), S. 12 – 13

Schulenburg, Tisa von der: Ich hab's gewagt. Bildhauerin und Ordensfrau – ein unkonventionelles Leben. Freiburg 1994[2]

Schulenburg, Tisa von der: Meine dunklen Brüder. Als Bildhauerin unter Bergarbeitern. Freiburg 1984

Schulten, Walter: Die Heilige Stiege und Wallfahrtsstätte auf dem Kreuzberg in Bonn. Rheinische Kunststätten, Heft 20. Köln 1986[5]

Sirjacobs, Raymond: Sint-Pauluskerk Antwerpen. Beknopte gids. Antwerpen 1995

Smith, Maria-Theresia: Maria Regina Martyrum, Berlin-Charlottenburg. Kleiner Kunstführer Schnell & Steiner Nr. 1703. München und Zürich 1988

Spatz, Thomas: Wallfahrtskirche Engelberg ob dem Main. Kleiner Kunstführer Schnell & Steiner Nr. 1210. München und Zürich 1989[3]

Stadt Bottrop (Hg.): Freizeit in Bottrop. Wissenswertes. Sehenswertes. Erlebenswertes. Bottrop o. Jg.

Sturm, Erwin: Kloster Kreuzberg/Rhön. Kleiner Kunstführer Schnell & Steiner Nr. 1243. München und Zürich 1983[2]

Sursum corda! Katholisches Gesang- und Gebetbuch für die Erzdiözese Paderborn. Paderborn 1932

Thoma, Otto: Anzing: Pfarr- und Wallfahrtskirche St. Maria, Högerkapelle, Purfing. Peda-Kunstführer Nr. 033. Passau 1989

Tschiderer, Christian: Franziskanerkloster Schwaz. Schwaz 1990

Wagner, Georg: Barockzeitlicher Passionskult in Westfalen. Münster 1967

WAZ (Westdeutsche Allgemeine Zeitung). Ausgabe für Bottrop vom 15. 4. 1995

Wehnert, Dieter J.: Die Wallfahrtskirche „Maria Hilf auf dem Lechfeld". Klosterlechfeld 1986

Zink, Jörg: Wiederentdeckung des Kreuzwegs. In: Gottesdienst 4 (1972), S. 25 – 27

Reihe „Volksfrömmigkeit und Brauchtum" im Kunstverlag Josef Fink

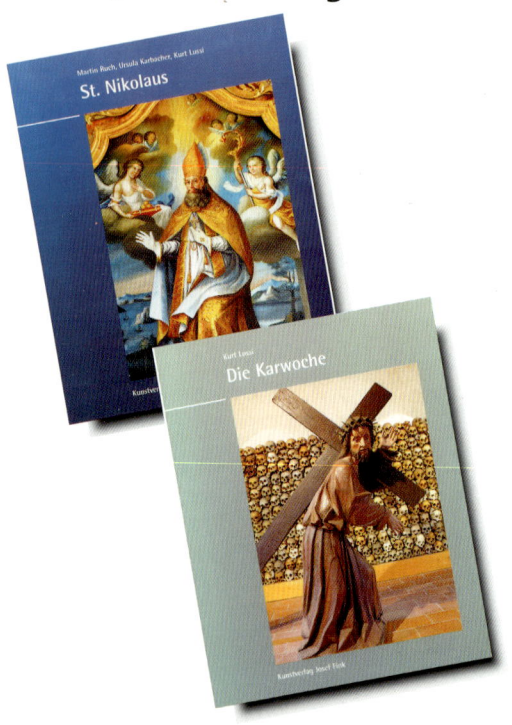

Die Reihe „Volksfrömmigkeit und Brauchtum" richtet sich an Theologen, Kunsthistoriker, Volkskundler und interessierte Laien, die sich rasch und umfassend über eine bestimmte Thematik des europäischen Volksglaubens informieren wollen. Dabei steht nicht so sehr der dokumentarische Aspekt im Mittelpunkt des Interesses, sondern die möglichst vielseitige Interpretation religiöser Vorstellungen und Bräuche. Die durchgehend farbig illustrierten Hefte können auf diese Weise den Zugang zur einst lebendigen Kultur des Glaubens öffnen und Verständnis für deren Umsetzung in die Bildsprache wecken.

MARTIN RUCH, URSULA KARBACHER, KURT LUSSI
St. Nikolaus – Heiliger und Kinderschreck
48 Seiten, 32 Farbabb., 19 x 24 cm, ISBN 3-933784-47-6,
DM 14,80 / öS 108,– / sFr 14,–

KURT LUSSI, STEPHAN KÖLLIKER (FOTOS)
Die Karwoche in Mystik und Brauchtum
40 Seiten, 37 Farbabb., 19 x 24 cm, ISBN 3-933784-49-2,
DM 14,80 / öS 108,– / sFr 14,–

Im Format der Kleinen Kunstführer (13,6 x 19 cm) sind erschienen:

MECHTHILD PÖRNBACHER
Die Vita des heiligen Fridolin
ISBN 3-933784-96-4, DM 10,– / öS 73,– / sFr 10,–

GERTRUD OTTO
Die Legende der hl. Ursula
ISBN 3-931820-54-8, DM 7,– / öS 51,– / sFr 7,–

Kreuzweghefte im Kunstverlag Josef Fink

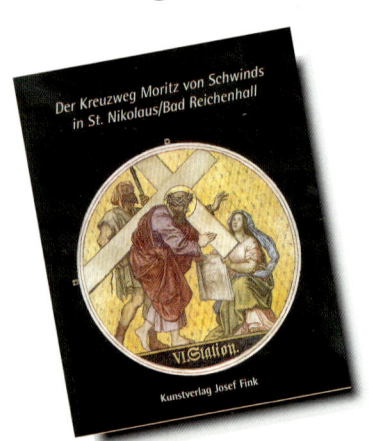

CHRISTIAN BAUR, REINER NEUBAUER, ELMAR GRUBER
Der Kreuzweg Moritz von Schwinds in St. Nikolaus / Bad Reichenhall
Großer Kunstführer, 19 x 24 cm, Broschur, 48 Seiten mit zahlreichen Farbabbildungen, ISBN 3-931820-93-9, DM 15,– / öS 110,– / sFr 14,–

HERMANN BROMMER, PAUL-RENÉ ZANDER
Die Kreuzwegstationen von Marie-Louis-Joseph Sorg in Lichtenberg/Elsaß
Kleiner Kunstführer 13,6 x 19 cm, 52 Seiten mit zahlreichen Farbabbildungen, ISBN 3-933784-21-2, DM 10,– / öS 73,– / sFr 10,–

MARIANNE BAUMHAUER
Felix Baumhauer: Der Mosaik-Kreuzweg in der Pfarrkirche St. Heinrich, Paderborn
40 Seiten, 17 Farbabb., 13,6 x 19 cm, ISBN 3-931820-26-2,
DM 7,– / öS 51,– / sFr 7,–

SARTO M. WEBER
Die Kreuzwegbilder von Felix Baumhauer aus der Krypta der Kathedrale Unserer Lieben Frau von Luxemburg
32 Seiten, 16 Farbabb., 13,6 x19 cm, ISBN 3-933784-08-5,
DM 7,– / öS 51,– / sFr 7,–

SARTO M. WEBER, WOLF-CHRISTIAN VON DER MÜLBE (FOTOS)
Die Kreuzwegbilder von Felix Baumhauer in der Pfarrkirche Maria Heimsuchung in München
32 Seiten, 16 Farbabb., 13,6 x 19 cm, ISBN 3-933784-58-1,
DM 7,– / öS 51,– / sFr 7,–

Kunstverlag Josef Fink
Hauptstraße 102 b
D-88161 Lindenberg
Telefon (0 83 81) 8 37 21
Telefax (0 83 81) 8 37 49
E-Mail: info@kunstverlag-fink.de
Internet: www.kunstverlag-fink.de